20 Kurzgeschichten
des 20. Jahrhunderts

Dans la même collection

Lire en allemand

Moderne Erzählungen
Deutsche Kurzgeschichten
Zwanzig Kurzgeschichten des 20. Jahrhunderts
Die deutsche Presse
Heinrich Böll : **Der Lacher**
Die Verlorene Ehre der Katharina Blum
Rainer Maria Rilke : **Briefe an einen jungen Dichter**
Arthur Schnitzler : **Fräulein Else**
Spiel im Morgengrauen
Franz Kafka : **Briefe an den Vater**
Patrick Süskind : **Der Kontrabaß**
Die Taube
Friedrich Dürrenmatt : **Der Richter und sein Henker**

Premières lectures en allemand
Die Puppe und andere Geschichten

LIRE EN ALLEMAND
Collection dirigée par Henri Yvinec

20 Kurzgeschichten des 20. Jahrhunderts

Choix et annotations par Maria Briand
Professeur d'allemand à l'I.F.R.O.A. et au C.C.A. de Paris

Le Livre de Poche

Sommaire

Tout naturellement, après quelques années d'étude d'une langue étrangère, naît l'envie de découvrir sa littérature. Mais, par ailleurs, le vocabulaire dont on dispose est souvent insuffisant. La perspective de recherches lexicales multipliées chez le lecteur isolé, la présentation fastidieuse du vocabulaire, pour le professeur, sont autant d'obstacles redoutables. C'est pour tenter de les aplanir que nous proposons cette nouvelle collection.

Celle-ci constitue une étape vers la lecture autonome, sans dictionnaire ni traduction, grâce à des notes facilement repérables. S'agissant des élèves de lycée, les ouvrages de cette collection seront un précieux instrument pédagogique pour les enseignants en langues étrangères puisque les recommandations pédagogiques officielles (Bulletin officiel de l'Éducation nationale du 9 juillet 1987) les invitent à "faire de l'entraînement à la lecture individuelle une activité régulière" qui pourra aller jusqu'à une heure hebdomadaire. Ces recueils de textes devraient ainsi servir de complément à l'étude de la civilisation.

Le lecteur trouvera donc :

En page de gauche

Des textes contemporains choisis pour leur intérêt littéraire et la qualité de leur langue.

En page de droite

Des notes juxtalinéaires rédigées dans la langue du texte, qui aident le lecteur à

Comprendre

Tous les mots et expressions difficiles contenus dans la ligne de gauche sont reproduits en caractères gras et expliqués dans le contexte.

Observer

Des notes d'observation de la langue soulignent le caractère idiomatique de certaines tournures ou constructions.

Apprendre

Dans un but d'enrichissement lexical, certaines notes proposent enfin des synonymes, des antonymes, des expressions faisant appel aux mots qui figurent dans le texte.

Grammaire au fil des nouvelles

Chaque nouvelle est suivie de phrases de thème inspirées du texte avec références à celui-ci pour le corrigé. En les traduisant le lecteur, mis sur la voie par des italiques et/ou des amorces d'explication, révise les structures rebelles les plus courantes; cette petite "grammaire en contexte" est fondée sur la fréquence des erreurs.

Vocabulaire

En fin de volume une liste de 2 500 mots contenus dans les nouvelles, suivis de leur traduction, comporte, entre autres, les verbes irréguliers et les mots qui n'ont pas été annotés faute de place ou parce que leur sens était évident dans le contexte. Grâce à ce lexique on pourra, en dernier recours, procéder à quelques vérifications ou faire un bilan des mots retenus au cours des lectures.

DAS MÄRCHEN* VOM GLÜCK

Erich Kästner (1899-1974)

Erich Kästner war einer der bekanntesten und beliebtesten Kinderbuchautoren des deutschen Sprachraums. "Emil und die Detektive", "Das fliegende Klassenzimmer", "Das doppelte Lottchen" und viele andere Romane sind seit Jahrzehnten allen Kindern ein Begriff. Erich Kästner schrieb aber auch Gedichte, Erzählungen, Satiren und Chansons für ein Kabarett: die Schaubude. Er ist 1899 in Dresden geboren, wurde Volksschullehrer und studierte nach dem Ersten Weltkrieg Germanistik. Im Dritten Reich war Kästner ein verbotener Autor, dessen Bücher verbrannt wurden. Ab 1945 lebte er in München, wo er 1974 auch starb.

Im "Märchen vom Glück" lernen wir einen alten, sehr weisen Mann kennen, der in seiner Jugend eine ganz sonderbare Begegnung machte...

---

* Märchen: Geschichte für Kinder.

Siebzig war er gut und gern, der alte Mann, der mir in der verräucherten Kneipe gegenübersaß. Sein Schopf sah aus, als habe es darauf geschneit, und die Augen blitzten wie eine blankgefegte Eisbahn. »Oh, sind die Menschen dumm«, sagte er und schüttelte den Kopf, daß ich dachte, gleich müßten Schneeflocken aus seinem Haar aufwirbeln. »Das Glück ist ja schließlich keine Dauerwurst, von der man sich täglich eine Scheibe herunterschneiden kann!« — »Stimmt«, meinte ich, »das
10 Glück hat ganz und gar nichts Geräuchertes an sich. Obwohl...« — »Obwohl?« —»Obwohl gerade Sie aussehen, als hinge bei Ihnen zu Hause der Schinken des Glücks im Rauchfang.« — »Ich bin eine Ausnahme«, sagte er und trank einen Schluck. »Ich bin die Ausnahme. Ich bin nämlich der Mann, der einen Wunsch frei hat.«

Er blickte mir prüfend ins Gesicht, und dann erzählte er seine Geschichte. »Das ist lange her«, begann er und stützte den Kopf in beide Hände, »sehr lange. Vierzig
20 Jahre. Ich war noch jung und litt am Leben wie an einer geschwollenen Backe. Da setzte sich, als ich eines Mittags verbittert auf einer grünen Parkbank hockte, ein alter Mann neben mich und sagte beiläufig: »Also gut. Wir haben es uns überlegt. Du hast drei Wünsche frei.« Ich starrte in meine Zeitung und tat, als hätte ich nichts gehört. »Wünsch dir, was du willst«, fuhr er fort, »die schönste Frau oder das meiste Geld oder den größten Schnurrbart — das ist deine Sache. Aber werde endlich glücklich! Deine Unzufriedenheit geht uns auf die
30 Nerven.« Er sah aus wie der Weihnachtsmann in Zivil. Weißer Vollbart, rote Apfelbäckchen, Augenbrauen wie aus Christbaumwatte. Gar nichts Verrücktes. Vielleicht

gut und gern: sicher

verräucherten: voll Zigarettenrauch □ **Kneipe:** Gasthaus □

Schopf: Haare □ **als:** als ob □ **geschneit:** Schnee sei gefallen □

blitzten: glänzten □ **blankgefegte:** saubere □ **Eisbahn:** *patinoire*

schüttelte: deutete "nein" mit dem Kopf

Schneeflocken: Schneekristalle

aufwirbeln: in die Höhe steigen □ **ja:** denn □ **Dauerwurst:**

Wurst, die lange frisch bleibt □ **täglich:** jeden Tag □ **Scheibe:**

Stück □ **stimmt:** richtig

ganz...nichts: absolut nichts □ **hat an sich:** besitzt □ **Geräuchertes:** voll Rauch □ **obwohl:** und doch □ **gerade:** genau

hinge < **hängen:** wäre

Rauchfang: durch den R. verläßt der Rauch das Haus □

Ausnahme: etwas Besonderes □ **einen Schluck:** einmal kurz

nämlich: denn

frei hat: machen kann

blickte: sah □ **prüfend:** fragend

ist lange her: war vor langer Zeit

stützte: legte

litt am Leben: hatte Schmerzen, war unglücklich

geschwollenen: dicken □ **Backe:** Wange, linker oder rechter Teil

des Gesichts □ **verbittert:** depressiv □ **hockte:** saß

beiläufig: nebenbei, als ob es nicht wichtig wäre

überlegt: nachgedacht und beschlossen

starrte: sah □ **tat, als:** machte, als ob

fuhr fort: sagte weiter

Schnurrbart: Barthaare über dem Mund □ **werde:** sei

deine Unzufriedenheit: daß du nicht glücklich bist □ **geht...**

Nerven: ärgert uns □ **sah aus wie:** war wie □ **Weihnachtsmann:**

père Noël □ **Vollbart:** ganzer Bart □ **Apfelbäckchen:** runde Wangen

Augenbrauen: Haare über den Augen □ **Christbaumwatte:** *coton blanc*

ein bißchen zu gutmütig. Nachdem ich ihn eingehend betrachtet hatte, starrte ich wieder in meine Zeitung. » Obwohl es uns nichts angeht, was du mit deinen drei Wünschen machst «, sagte er, » wäre es natürlich kein Fehler, wenn du dir die Angelegenheit vorher genau überlegtest. Denn drei Wünsche sind nicht vier Wünsche oder fünf, sondern drei. Und wenn du hinterher noch immer neidisch und unglücklich wärst, könnten wir dir und uns nicht mehr helfen. « Ich weiß nicht, ob Sie sich
10 in meine Lage versetzen können. Ich saß auf einer Bank und haderte mit Gott und der Welt. In der Ferne klingelten die Straßenbahnen. Die Wachtparade zog irgendwo mit Pauken und Trompeten zum Schloß. Und neben mir saß nun dieser alte Quatschkopf ! «

» Sie wurden wütend ? «

» Ich wurde wütend. Mir war zumute wie einem Kessel kurz vorm Zerplatzen. Und als er sein weißwattiertes Großvatermündchen von neuem aufmachen wollte, stieß ich zornzitternd hervor : » Damit Sie
20 alter Esel mich nicht länger duzen, nehme ich mir die Freiheit, meinen ersten und innigsten Wunsch auszusprechen — scheren Sie sich zum Teufel ! « Das war nicht fein und höflich, aber ich konnte einfach nicht anders. Es hätte mich sonst zerrissen. «

» Und ? «

» Was » Und « ? «

» War er weg ? «

» Ach so ! — Natürlich war er weg ! Wie fortgeweht. In der gleichen Sekunde. In nichts aufgelöst. Ich guckte
30 sogar unter die Bank. Aber dort war er auch nicht. Mir wurde ganz übel vor lauter Schreck. Die Sache mit den Wünschen schien zu stimmen ! Und der erste Wunsch

gutmütig: nett, friedlich □ **eingehend**: genau
betrachtet: angesehen
es...angeht: es nicht unsere Sache ist

Fehler: etwas Falsches □ **Angelegenheit**: Sache
überlegtest: nachdenken würdest
sondern: aber □ **hinterher**: nachher, dann
neidisch: er möchte das besitzen, was den anderen gehört

Lage: Situation □ **versetzen**: plazieren
haderte: war böse auf □ **Ferne** ≠ Nähe
Wachtparade: Militärparade □ **zog** < ziehen: marschierte
Pauken: Musikinstrumenten, *timbales*
Quatschkopf: Mann, der dumme Sachen sagt
wütend: sehr ärgerlich, böse
mir...zumute: ich fühlte mich
Kessel: großer Topf □ **vorm**: vor dem □ **Zerplatzen**: Explosion
weißwattiertes Großvatermündchen: von einem weißen Bart
umrahmter, kleiner Mund □ **stieß hervor**: sagte □ **zornzitternd**:
wütend □ **Esel**: *âne* □ **duzen**: "du" sagen
Freiheit: Erlaubnis □ **innigsten**: stärksten □ **auszusprechen**: zu
sagen □ **scheren**: fahren □ **Teufel** ≠ Engel
fein: nett, sympathisch □ **höflich**: mit guten Manieren
hätte zerrissen: ich wäre explodiert □ **sonst**: anders

weg: nicht mehr da
fortgeweht: vom Wind weggeblasen
aufgelöst: Luft geworden □ **guckte**: sah
sogar: auch □ **mir...übel**: ich fühlte mich schlecht
vor... Schreck: aus Angst
schien...stimmen: war also richtig

13

hatte sich bereits erfüllt! Du meine Güte! Und wenn er
sich erfüllt hatte, dann war der gute, liebe, brave
Großpapa, wer er nun auch sein mochte, nicht nur weg,
nicht nur von meiner Bank verschwunden, nein, dann
war er beim Teufel! Dann war er in der Hölle! »Sei
nicht albern«, sagte ich zu mir selber. »Die Hölle gibt
es ja gar nicht, und den Teufel auch nicht.« Aber die
drei Wünsche, gab's denn die? Und trotzdem war der
alte Mann, kaum hatte ich's gewünscht, verschwunden...
10 Mir wurde heiß und kalt. Mir schlotterten die Knie. Was
sollte ich machen? Der alte Mann mußte wieder her,
ob's nun eine Hölle gab oder nicht. Das war ich ihm
schuldig. Ich mußte meinen zweiten Wunsch dransetzen,
den zweiten von dreien, o ich Ochse! Oder sollte ich ihn
lassen, wo er war? Mit seinen hübschen, roten Apfelbäckchen? »Bratapfelbäckchen«, dachte ich schaudernd.
Mir blieb keine Wahl. Ich schloß die Augen und flüsterte
ängstlich: »Ich wünsche mir, daß der alte Mann wieder
neben mir sitzt!« Wissen Sie, ich habe mir jahrelang, bis
20 in den Traum hinein, die bittersten Vorwürfe gemacht,
daß ich den zweiten Wunsch auf diese Weise verschleudert habe, doch ich sah damals keinen Ausweg. Es gab
ja auch keinen...«

»Und?«

»Was »Und«?«

»War er wieder da?«

»Ach so! — Natürlich war er wieder da! In der
nämlichen Sekunde. Er saß wieder neben mir, als wäre
er nie fortgewünscht gewesen. Das heißt, man sah's ihm
30 schon an, daß er... daß er irgendwo gewesen war, wo es
verteufelt, ich meine, wo es sehr heiß sein mußte. O ja.
Die buschigen, weißen Augenbrauen waren ein bißchen

14

bereits: schon □ **erfüllt**: realisiert □ **du...Güte**: um Gottes willen

Großpapa: Großvater □ **wer...mochte**: egal, wer es war

verschwunden: nicht mehr da

Hölle ≠ **Himmel**

albern: dumm □ **gibt es**: existiert

ja: doch

gab's: existierten □ **trotzdem**: dennoch, doch

kaum: kurz nachdem □ **ich's**: ich es

schlotterten: zitterten □ **Knie**: *genoux*

her: kommen

das...schuldig: das mußte ich tun

dransetzen: riskieren

Ochse: Tier, dummer Kerl, *bœuf*

hübschen: schönen

Bratapfel...: Apfel, der auf dem Feuer gebraten wird □

schaudernd: zitternd □ **mir...Wahl**: ich mußte es tun □

flüsterte: sagte leise

jahrelang: viele Jahre lang

Traum: Schlaf □ **bittersten**: größten □ **Vorwürfe gemacht**: immer gefragt: warum habe ich das gemacht? □ **auf..Weise**: so □ **verschleudert**: weggeworfen, verloren □ **damals**: zu dieser Zeit □ **Ausweg**: andere Möglichkeit □ **ja**: wirklich

nämlichen: gleichen, selben □ **als**: als ob

fortgewünscht: verschwunden □ **sah's...an**: erkannte an seinem Gesicht

verteufelt: schrecklich □ **heiß**: sehr warm

buschigen: dicken

15

verbrannt. Und der schöne Vollbart hatte auch etwas gelitten. Besonders an den Rändern. Außerdem roch's wie nach versengter Gans. Er blickte mich vorwurfsvoll an. Dann zog er ein Bartbürstchen aus der Brusttasche, putzte sich Bart und Brauen und sagte gekränkt: »Hören Sie, junger Mann — fein war das nicht von Ihnen!« Ich stotterte eine Entschuldigung. Wie leid es mit täte. Ich hätte doch nicht an die drei Wünsche geglaubt. Und außerdem hätte ich immerhin versucht,
10 den Schaden wiedergutzumachen. »Das ist richtig«, meinte er. »Es wurde aber auch die höchste Zeit.« Dann lächelte er. Er lächelte so freundlich, daß mir fast die Tränen kamen. »Nun haben Sie nur noch einen Wunsch frei«, sagte er, »den dritten. Mit ihm gehen Sie hoffentlich ein bißchen vorsichtiger um. Versprechen Sie mir das?« Ich nickte und schluckte. »Ja«, antwortete ich dann, »aber nur, wenn Sie mich wieder duzen.« Da mußte er lachen. »Gut, mein Junge«, sagte er und gab mir die Hand. »Leb wohl. Sei nicht allzu unglücklich.
20 Und gib auf deinen letzten Wunsch acht.« »Ich versprech es Ihnen«, erwiderte ich feierlich. Doch er war schon weg. Wie fortgeblasen.«

»Und?«

»Was »Und«?«

»Seitdem sind Sie glücklich?«

»Ach so! — Glücklich?« Mein Nachbar stand auf, nahm Hut und Mantel vom Garderobenhaken, sah mich mit seinen blitzblanken Augen an und sagte: »Den letzten Wunsch hab' ich vierzig Jahre lang nicht
30 angerührt. Manchmal war ich nahe daran. Aber nein. Wünsche sind nur gut, solange man sie noch vor sich hat. Leben Sie wohl.« Ich sah vom Fenster aus, wie er

verbrannt: vom Feuer braun geworden ☐ **etwas:** ein wenig

gelitten < leiden: Schmerzen bekommen ☐ **Rändern:** Enden ☐

roch < riechen: hier war ein Duft, Parfum ☐ **versengter:** ver-

brannter ☐ **Gans:** *oie* ☐ **zog:** nahm ☐ **Bartbürstchen:** *petite brosse*

☐ **Brusttasche:** Westentasche ☐ **putzte:** machte sauber ☐ **gekränkt:**

traurig

stotterte: sagte zitternd ☐ **wie...täte:** daß ich es bedauere

außerdem: dazu ☐ **immerhin:** doch ☐ **versucht:** probiert

Schaden: Katastrophe ☐ **wiedergutzumachen:** zu reparieren

meinte: sagte ☐ **höchste Zeit:** sehr spät

fast: beinahe, nicht ganz

die Tränen kamen: weinte

gehen um: handeln

vorsichtiger: langsamer ☐ **versprechen:** sicher sagen

nickte: deutete "ja" mit dem Kopf ☐ **schluckte:** *j'avalais*

Junge: Knabe, Bub

leb wohl: adieu ☐ **allzu:** zu sehr

gib acht: paß auf

erwiderte: antwortete ☐ **feierlich:** langsam

fortgeblasen: vom Wind fortgeweht

seitdem: seit dieser Zeit

Garderobenhaken: im Restaurant hängt man seinen Mantel an

den G. ☐ **blitzblanken:** hellen

angerührt: gebraucht, verwendet ☐ **war...daran:** hätte ich es

fast getan, gemacht ☐ **solange:** wenn

über die Straße ging. Die Schneeflocken umtanzten ihn. Und er hatte ganz vergessen, mir zu sagen, ob wenigstens er glücklich sei. Oder hatte er mir absichtlich nicht geantwortet? Das ist natürlich auch möglich.

über...ging: auf die andere Straßenseite ging ☐ **umtanzten:** tanzten um ihn herum

absichtlich: er wollte es so

ist möglich: kann sein

Grammaire au fil des nouvelles

Traduisez les phrases suivantes inspirées du texte (le premier chiffre renvoie à la page, les suivants aux lignes) :

Il était assis en face de moi (traduction de "être assis", 10 - 2).

En effet, je suis l'homme qui peut faire un vœu (attribut du sujet ; proposition relative, 10 - 15,16).

Alors un vieil homme s'assit à côté de moi ("s'asseoir" ; préposition mixte, 10 - 21,22,23).

Je fis comme si je n'avais rien entendu ("comme si" suivi du subjonctif 2, 10 - 25,26).

Après l'avoir observé, je fixais à nouveau mon journal (infinitive traduite par une subordonnée introduite par *nachdem*, 12 - 1,2).

Et si, après tout cela, tu étais toujours malheureux, nous ne pourrions plus t'aider (conditionnel ; régime du verbe *helfen*, 12 - 7,8,9,).

Allez au diable (12 - 22) !

Il avait disparu (12 - 28).

Mon premier voeu s'était réalisé (12 - 32 ; 14 - 1).

Et le vieil homme avait disparu (choix de l'auxiliaire, 14 - 8,9).

Je n'avais pas le choix (construction, 14 - 17).

Ne sois pas trop malheureux (impératif, 16 - 19) !

De la fenêtre je le vis traverser la rue (*gehen über*, 16 - 32 ; 18 - 1).

Il avait oublié de me dire s'il était heureux ou non (proposition infinitive, traduction de "si", 18 - 2,3).

WER IST MAN

Kurt Kusenberg (1904-1983)

Kurt Kusenberg, der 1904 in Schweden (Göteborg) geboren ist, war Kunsthistoriker und veröffentlichte zahlreiche kunstkritische Arbeiten in den führenden Zeitschriften Deutschlands. Er lebte später als freier Schriftsteller und Verlagslektor in Hamburg, wo er 1983 starb.

Kusenbergs skurrile Erzählungen, in denen er die Wirklichkeit unter einem ganz neuen und oft phantastischen Blickwinkel beleuchtet, sollen zum Nachdenken anregen.

Die folgende Geschichte ist dem Band "Mal was anderes" entnommen und berichtet davon, was Herr Boras eines Morgens nach dem Aufstehen Sonderbares erlebt...

Als Herr Boras um halb elf Uhr vormittags ins Erdgeschoß seines Hauses hinabstieg, kam er sich federleicht vor und verspürte unbändige Lachlust. Am Abend vorher hatte er mit einem Freunde tüchtig getrunken, zuerst Wein, dann Schnaps, dann Bier, dann alles durcheinander. Es war wohl ein bißchen viel gewesen, denn auf den Heimweg konnte er sich durchaus nicht mehr besinnen. Wozu auch? Er hatte heimgefunden, das stand fest, das genügte, er war spät aufgestanden und nun erwartete ihn

10 drunten das Frühstück. Das Frühstück? Das Spätstück! Erwartete das Spätstück ihn oder erwartete er das Spätstück? Vielleicht lauerten sie beide aufeinander. Die Vorstellung, daß er das listige Spätstück sogleich überrumpeln werde, erheiterte Herrn Boras, er prustete los wie ein Zerstäuber. Es war sein letztes Lachen an diesem Tage.

Im Erdgeschoß angelangt, beschloß Herr Boras, einen Blick in den Garten zu tun. Er hörte seine Frau in der Küche hantieren, doch zog es ihn zu ihr nicht hin. Leute, die früh aufgestanden sind, haben eine hohe Meinung von sich und

20 behandeln Spätaufsteher streng, verletzend oder gar hämisch. Ein Garten hingegen ist die reine Güte; er schaut einen nicht an, sondern läßt sich anschauen. Er ist da, nur da und sehr grün. Grün aber braucht der Mensch, weil es ihn erfrischt — Grünes sehen ist fast so gesund wie Grünes essen.

Herr Boras erging sich ein wenig im Garten. Als er zu den Himbeersträuchern kam, gewahrte er seinen Hund, der eifrig ein Loch in die Erde scharrte. Er pfiff ihm. Das Tier hielt inne, äugte und lief herbei. Anstatt aber freudig an

30 seinem Herrn hochzuspringen, umkreiste es ihn drohend, mit bösem Geknurre und Gebell.

Er hat etwas gegen mich, dachte Herr Boras. Vielleicht

22

halb elf Uhr: 10.30 Uhr

Erdgeschoß: unter dem 1. Stock befindet sich das E. □ **hinabstieg**: hinunterging □ **kam vor**: fühlte □ **unbändige Lachlust**: er mußte immer lachen □ **tüchtig**: sehr viel

Schnaps: starker Alkohol, *eau-de-vie* □ **durcheinander**: gemischt **wohl**: bestimmt

Heimweg: daß er nach Hause ging □ **durchaus**: absolut □ **besinnen**: erinnern □ **heimgefunden**: war nach Haus gekommen □ **stand fest**: war sicher □ **genügte**: war genug, reichte

drunten: unten □ **Spätstück**: humoristisches Gegenteil von "Früh" stück

lauerten aufeinander: eines wartete auf das andere, wie die Katze auf eine Maus □ **Vorstellung**: Idee □ **listige**: schlaue □ **überrumpeln**: schneller sein □ **erheiterte**: machte fröhlich □ **prustete...Zerstäuber**: sein Lachen verteilte sich wie Parfum mit einem Zerstäuber □ **angelangt**: angekommen □ **beschloß** < beschließen: entscheiden, wollen □ **einen Blick tun**: sehen, schauen **hantieren**: arbeiten □ **zog... nicht hin**: wollte nicht...gehen **hohe Meinung**: sehr gute Vorstellung, Idee

behandeln: sind mit... □ **streng**: kritisch □ **verletzend**: tun weh **hämisch**: ironisch □ **hingegen**: im Gegenteil □ **reine**: pure □ **Güte** ≠ Bosheit □ **einen**: uns □ **sondern**: aber

erfrischt: frisch, froh macht □ **fast**: beinahe, nicht ganz □ **gesund**: gut

erging sich: ging spazieren

Himbeersträuchern: *framboisiers* □ **gewahrte**: sah, erblickte **eifrig**: lange und genau □ **scharrte**: grub □ **pfiff** < pfeifen: rief **hielt inne**: hörte auf □ **äugte**: sah her □ **herbei**: her □ **freudig**: mit Freude, froh □ **hoch...**: in die Höhe... □ **umkreiste...drohend**: ging böse um ihn herum □ **Geknurre**: *grognements* □ **Gebell**: *aboiements*

wittert er den Alkohol, der mir aus den Poren dunstet.
» Komm her ! « befahl er und klopfte begütigend an sein
Bein, doch der Hund nahm es für eine Herausforderung —
er schnappte nach ihm, und als Herr Boras zuschlug, biß er
ihn in die Hand. Zorn packte diesen, gleich darauf aber
Angst. Am Ende war das Tier tollwütig ! Er trat den
Rückweg an, um mit seiner Frau darüber zu reden.
Langsam nur kam er von der Stelle, denn er mußte den
Hund im Auge behalten; einem Kreisel gleich, drehte er
10 sich seinem Hause zu.

   » Was tun Sie in unserem Garten ? « schrillte es, und als
Herr Boras sich umwandte, blickte er in das Gesicht seiner
Frau. Er konnte nicht lange hinblicken, weil er sich des
Hundes erwehren mußte, der ihn nun noch ärger
bedrängte.

   » Martha ! « rief er. » Ihr seid wohl alle verrückt
geworden ! «

   » Noch einmal meinen Vornamen, und ich rufe die
Polizei ! « Wahrhaftig, so sprach sie mit ihm. Es war nicht
20 zu glauben : eines kurzen Rausches wegen verleugnete sie
die lange Ehe.

   » Wer ist der Onkel ? « erkundigte sich eine Kinderstimme. Herrn Boras traf das besonders schmerzlich, denn
er liebte seinen Sohn. Und nun hatte man den Jungen
aufgehetzt !

   » Hinaus ! « rief die Frau.

   » Hinaus ! « schrie der Knabe, mutig im Schutz der
zornigen Mutter, und der Hund bellte dasselbe. Alle drei
rückten gegen Herrn Boras vor. Da gab der Mann nach, wie
30 ein Dieb verließ er sein eigenes Grundstück.

   Ratlos durchschritt er die Straße, bog um die nächste
Ecke, ging weiter, bog wieder ein und so fort, eine ganze

wittert: riecht (mit der Nase) ☐ **aus...dunstet:** wie Dampf aus der Haut kommt ☐ **befahl:** kommandierte ☐ **begütigend:** beruhigend **Bein:** der Mensch geht auf 2 Beinen ☐ **Herausforderung:** Provokation ☐ **schnappte:** versuchte zu beißen ☐ **zuschlug:** mit der Hand schlug ☐ **Zorn:** Wut ☐ **packte:** ergriff ☐ **darauf:** nachher **tollwütig:** krank, *enragé* ☐ **trat an:** begann

kam er von der Stelle: konnte er weitergehen
im Auge behalten: immer sehen ☐ **Kreisel:** *toupie* ☐ **gleich:** wie ☐
drehte zu: ging wie eine Spirale
schrillte: schrie mit hoher Stimme
umwandte < umwenden: umdrehen ☐ **blickte in:** sah
hinblicken: hinsehen
erwehren + gén.: wegstoßen ☐ **ärger:** mehr, stärker
bedrängte: bedrohte
wohl: sicher ☐ **verrückt:** nicht normal

wahrhaftig: es stimmte, es war richtig
eines...wegen: weil er zuviel getrunken hatte ☐ **verleugnete:** sagte, die Ehe existiere nicht ☐ **Ehe:** Heirat, Hochzeit
Onkel: alle Männer sind für kleine Kinder "Onkel" ☐ **erkundigte:** fragte ☐ **traf** < treffen: berührte ☐ **traf... schmerzlich:** machte sehr traurig ☐ **Jungen:** Knaben, Buben
aufgehetzt: viel Böses gegen seinen Vater gesagt

mutig: ohne Angst ≠ feige ☐ **Schutz:** Sicherheit
zornigen: wütenden, verärgerten ☐ **bellte:** ein Hund bellt
rückten vor: gingen näher ☐ **gab nach** < nachgeben: geschehen lassen ☐ **verließ:** ging hinaus ☐ **sein... Grundstück:** seinen Garten
ratlos: verwirrt, ohne Ideen ☐ **durchschritt:** ging durch ☐ **bog:** ging nach links oder nach rechts ☐ **bog ein:** bog ☐ **fort:** weiter

Weile lang; seine Gedanken wollten sich gar nicht ordnen. Plötzlich fiel ihm ein, er könne sich vielleicht am Abend zuvor, bei der trunkenen Heimkehr, übel betragen und den Abscheu seiner Familie erregt haben. Wahrscheinlich war das freilich nicht, aber es war immerhin möglich; im Rausch ist vieles möglich, eigentlich alles.

Vielleicht, überlegte Herr Boras, hat Kilch mich gestern nach Hause gebracht, vielleicht weiß er mehr. Ich werde ihn fragen.

10   Der Freund wohnte nicht weit; fünf Minuten später läutete Herr Boras an seiner Tür. Kilch öffnete und blickte Herrn Boras kühl an. » Sie wünschen? « fragte er.

» Kilch! « rief Herr Boras. » Was soll der Unsinn? «

Der andere zog ein spöttisches Gesicht. » Das frage ich mich auch! « sprach er und warf die Tür zu.

Selbst der Freund stand gegen ihn! Was mochte geschehen sein, daß alle Türen sich vor Herrn Boras schlossen?

Ich blicke nicht durch, gestand sich der Arme. Zu den
20   meinen kann ich nicht zurück, jedenfalls heute nicht, die waren gar zu böse. Wo aber soll ich nächtigen? Bei Carlo natürlich. Er ist der bessere Freund, ich hätte es wissen sollen, wir kennen uns seit der Schulzeit, das bindet.

Carlo aufsuchen hieß eine kleine Reise tun, und daran war allmählich der Umgang mit dem Freunde erloschen. An diesem Tage aber überwand Herr Boras seine Trägheit, er fuhr eine gute halbe Stunde, bis er bei Carlos Wohnung anlangte. Auf der Treppe stolperte er. Schlecht! dachte Herr Boras. Schon den ganzen Tag stolpere ich.

30   Er läutete. Schritte kamen näher, die Tür ging auf, der Schulfreund zeigte sich. » Ich kaufe nichts! « sagte er unfreundlich. » Ich bestelle nichts, ich unterschreibe nichts,

Weile: Zeit □ **Gedanken:** Ideen

fiel ihm ein: hatte er die Idee

zuvor: vorher □ **trunkenen:** alkoholisierten □ **übel betragen:** schlecht benommen □ **Abscheu:** Abneigung □ **erregt:** provoziert □ **wahrscheinlich:** sicher □ **freilich:** natürlich □ **immerhin:** doch

Rausch: alkoholisierter Zustand □ **eigentlich:** fast, beinahe

überlegte: dachte nach

gebracht: begleitet

läutete: klingelte □ **öffnete:** machte auf

kühl: fast kalt, unfreundlich □ **wünschen:** wollen

soll: bedeutet, heißt □ **Unsinn:** Dummheit, das Ganze

zog: machte □ **spöttisches:** ironisches

sprach: sagte □ **warf zu:** machte schnell zu, schloß

selbst: sogar, auch □ **stand:** war □ **mochte:** konnte

geschehen: passiert

blicke durch: verstehe □ **gestand:** sagte □ **den meinen:** meiner Familie □ **zurück:** zurückgehen □ **jedenfalls:** auf jeden Fall

gar: wirklich □ **nächtigen:** schlafen, übernachten

bessere: es gibt 2 Freunde einen besseren und einen schlechteren

bindet: schließt zusammmen

Carlo aufsuchen: zu C. gehen □ **hieß:** bedeutete □ **daran:** an diesem Problem □ **allmählich:** langsam □ **Umgang erloschen:** Freundschaft eingeschlafen □ **überwand:** war stärker □ **Trägheit:** Faulheit ≠ Fleiß

anlangte: ankam □ **Treppe:** Stiegen, Stufen □ **stolperte:** *trébucha*

Schritte...näher: man hörte jemanden kommen □ **ging auf:** öffnete sich □ **zeigte sich:** war zu sehen

unterschreibe: schreibe meinen Namen

ich habe kein Geld. Guten Tag!« Die Tür fiel ins Schloß.
Während Herr Boras die Treppe hinabstieg, überkam ihn
abermals das Empfinden, er sei federleicht und schwebe.
Auch die Lachlust meldete sich wieder, doch war es eine
andere als vorhin.

Auf der Straße — endlich, endlich! — begriff Herr
Boras, was geschehen sei: ihm war, kurz gesagt, die
Gleichheit mit sich selber abhanden gekommen. Er hatte
seine Vergangenheit eingebüßt wie eine Brieftasche, er
10 konnte sich nicht mehr ausweisen. Sonderbar! dachte Herr
Boras. Zwar lebe ich, doch scheint es, als hätte ich nie
gelebt, denn es sind keine Spuren geblieben. Und dabei war
ich von meinem Dasein so fest überzeugt! Nein, es *kann*
keine Einbildung gewesen sein. Wie aber habe ich das alles
verloren! Vielleicht durch eine ungeschickte Bewegung?
Richtig, so wird's sein: ich bin aus dem Weltplan
herausgerutscht und passe nun nirgends mehr hinein. Jeder
Komet ist planmäßiger als ich.

Inzwischen war es ein Uhr nachmittags geworden.
20 Obwohl Herr Boras, wie er meinte, dem Gefüge der Welt
nicht mehr angehörte, spürte er Hunger, denn um diese Zeit
pflegte er zu essen — sofern er überhaupt von Gepflogenheiten reden durfte. Er hielt Umschau nach einer Gastwirtschaft, doch damit stand es in dieser Gegend nicht zum
besten; der abgelegene Vorort war nur zum Wohnen
eingerichtet.

Trübe schritt Herr Boras an vielen Gärten, an vielen
Häusern vorbei; manche ähnelten ungemein dem Hause,
welches er bislang für das seine gehalten hatte. Deshalb war
30 er auch nicht sonderlich erstaunt, als eine Frau sich aus
einem Fenster beugte und ihm zurief: »Zeit, daß du
kommst! Die Suppe steht schon auf dem Tisch.«

fiel ins Schloß: wurde geschlossen, zugemacht

überkam ihn: hatte er

abermals: wieder □ **Empfinden:** Gefühl □ **schwebe:** fliege

meldete: kam □ **doch:** aber

vorhin: vor kurzer Zeit

begriff: verstand

kurz ≠ lang

Gleichheit: Identität □ **abhanden gekommen:** verloren gegangen

Vergangenheit: früheres Leben □ **eingebüßt:** verloren

sich ausweisen: seine Identität beweisen □ **sonderbar:** seltsam

zwar: sicher □ **als hätte:** als ob...hätte

Spuren: Reste, Beweise □ **dabei:** doch

Dasein: Leben □ **fest:** sehr, stark □ **überzeugt:** sicher, gewiß

Einbildung: falsche Idee, Phantasie

ungeschickte: schlechte, linkische □ **Bewegung:** Geste

wird's sein: ist es sicher □ **Weltplan:** Programm

herausgerutscht: gefallen □ **passe...hinein:** gehöre...dazu, bin

fremd □ *der* **Komet** □ **planmäßiger:** besser geplant

inzwischen: unterdessen, während dieser Zeit

meinte: glaubte □ **Gefüge:** Plan

angehörte: dabei war, drinnen war □ **spürte:** fühlte

pflegte...essen: aß er immer □ **sofern:** wenn □ **Gepflogenheiten:**

Gewohnheiten □ **hielt Umschau nach:** suchte □ **Gastwirtschaft:**

Restaurant □ **damit stand...zum besten:** es gab wenige □ **Gegend:**

Viertel, Ort □ **abgelegene** ≠ zentrale □ **Vorort:** ein V. befindet sich

außerhalb der Stadt □ **eingerichtet:** gemacht

trübe: traurig □ **schritt vorbei:** ging vorüber

ähnelten: waren fast wie □ **ungemein:** sehr

bislang: bis jetzt □ **gehalten:** geglaubt □ **deshalb:** darum

sonderlich: besonders □ **erstaunt:** überrascht, wunderte sich

beugte: lehnte □ **zurief:** rufend sagte □ **Zeit:** es ist Zeit

Ohne lange zu überlegen, klinkte Herr Boras die Gartenpforte auf und trat ein; er hatte Hunger. An der Haustür sprang ihm ein Knabe entgegen. » Vati, es gibt Eierkuchen ! «

» Fein, mein Junge ! « erwiderte Herr Boras. Er streifte den Staub von den Schuhen, hing seinen Hut an den Haken, gab der Frau einen flüchtigen Kuß, setzte sich zu Tisch und begann die Suppe zu löffeln. Während des Essens betrachtete er die Frau und den Jungen, vorsichtig, damit
10 es ihnen nicht auffiel, denn sie hielten ihn offenbar für den Hausvater. Die Frau war nicht übel, und auch der Junge gefiel ihm; das Essen schmeckte gut.

Ach was, dachte er, Familie ist Familie, die Hauptsache bleibt, man hat eine. Ich kann von Glück reden, daß ich wieder untergeschlüpft bin, es sah vorhin trübe aus. Gewiß, ich habe mir die beiden hier nicht ausgesucht, doch was sucht man sich schon aus? Man wählt ja immer, wie man muß. Nein, nein, der Tausch ist ganz gut, er verspricht sogar einiges — zumindest Abwechslung.

20 » Was schaust du uns so an? « fragte die Frau. » Hast du etwas auszusetzen? «

Herr Boras wischte sich die Lippen mit dem Mundtuch ab. » Im Gegenteil, alles ist in bester Ordnung. « Er griff in die Obstschale, nahm einen Apfel und begann ihn zu schälen. Bald, das wußte er, würde er sich eingewöhnt haben. Vielleicht hatte er immer schon hier gelebt und sich das andere Dasein nur eingebildet. Wer weiß schon genau, ob er träumt oder lebt?

Es läutete. » Bleib sitzen ! « sprach die Frau, stand auf
30 und ging hinaus. Da sie die Tür angelehnt ließ, konnte man genau hören, was im Flur vor sich ging.

» Wohin? Was soll das ! « erklang streng die Stimme der

überlegen: nachdenken □ **klinkte auf**: öffnete

Gartenpforte: Gartentür □ **trat ein**: ging hinein

sprang entgegen: lief auf ihn zu □ **Vati**: Papa

Eierkuchen: *crêpes*

fein: toll, super □ **erwiderte**: antwortete □ **streifte**: wischte

Staub: Schmutz □ **hing** < hängen □ **Haken**: *crochet*

flüchtigen: schnellen

löffeln: mit dem Löffel essen

betrachtete: beobachtete, sah an □ **vorsichtig**: langsam

auffiel < auffallen: bemerken □ **hielten**: glaubten □ **offenbar**:
sicher □ **Hausvater**: Besitzer □ **übel**: schlecht

gefiel < gefallen: schön oder gut finden □ **schmeckte**: war

ach was: das macht nichts □ **Hauptsache**: Wichtigste

reden: sprechen

untergeschlüpft bin: ein Haus gefunden habe □ **sah aus**: schien

ausgesucht: gewählt

ja: doch

Tausch: Wechsel □ **ganz gut**: ziemlich gut □ **sogar**: auch

einiges: mehrere Dinge □ **zumindest**: wenigstens □ **Abwechslung**:
etwas Neues und Interessantes □ **schaust an**: siehst an

auszusetzen: zu kritisieren

Lippen: Mund □ **Mundtuch**: Serviette

Gegenteil: klein ist das G. von groß □ **griff** < greifen: die Hand
ausstrecken □ **Obstschale**: Teller mit Früchten

schälen: mit dem Messer die Haut (Schale) wegschneiden □
eingewöhnt: an das neue Leben gewöhnt

eingebildet: in der Phantasie vorgestellt □ **genau**: sicher

träumt: wenn man schläft, träumt man meistens auch

stand auf: erhob sich

da: weil □ **angelehnt**: nicht ganz geschlossen

Flur: Vorraum, Vorzimmer □ **vor sich ging**: geschah, passierte

soll: bedeutet, heißt □ **erklang**: ertönte □ **streng**: trocken, böse

Frau. »Sofort hinaus — oder ich rufe meinen Mann!«

»Du bist wohl nicht bei Trost!« antwortete eine Männerstimme. »Laß die Späße, ich habe Hunger.«

»Hier ist keine Armenküche. Hinaus! Ich werde Sie lehren, mich zu duzen!« Nun, der Streit ging weiter, doch nicht lange. Der Mann räumte das Feld, und die Tür knallte hinter ihm zu.

Mit rotem Gesicht trat die Frau wieder ein. »Solch eine Frechheit! Und du stehst mir natürlich nicht bei.«

10 »Der Bursche tat mir leid«, entgegnete Herr Boras. »Sicherlich plagte ihn der Hunger oder er hat unser Haus mit dem seinen verwechselt.«

»Verwechselt?« rief die Frau. »Der hat bestimmt kein Haus, auch keine Familie.«

Herr Boras erhob sich eilig. »Eben darum will ich ihm ein Mittagessen spendieren. Ich bin sofort zurück.« Er lief hinaus und holte den Fremden an der Gartenpforte ein. Der Mann war bleich vor Erregung, seine Augen blickten verwirrt.

20 »Ich kann mir denken«, sprach Herr Boras, »wie Ihnen zumute ist, und ich will helfen.« Er zog sein Notizbuch, kritzelte eine Zeile und riß das Blatt ab. »Hier, mein Freund, haben Sie eine gute Adresse. Fahren Sie hin, aber rasch — sonst wird das Essen kalt.«

Der andere nahm den Zettel, fand jedoch keine Worte. Er hätte sie auch nicht mehr anbringen können, denn Herr Boras enteilte bereits.

»Du bist viel zu gutmütig«, meinte die Frau, als er eintrat. Herr Boras setzte sich und nahm den Apfel wieder 30 vor. »Durchaus nicht. Ich habe nur vorsorglich gespendet. Was heute ihm passiert, kann morgen mir zustoßen.«

Am nächsten Tag fuhr Herr Boras in die Stadt und suchte

sofort hinaus: gehen Sie schnell weg

nicht bei Trost: nicht normal

laß: höre auf mit □ **Späße**: Dummheiten, Witze

Armenküche: in der A. gibt es Essen für arme Leute

lehren: zeigen □ **duzen**: "du" zu jemandem sagen □ **Streit**: *querelle* □ **räumte das Feld**: ging weg □ **knallte zu**: schloß sich laut

trat ein: kam herein □ **solch eine**: so eine große

Frechheit: *insolence* □ **stehst bei**: hilfst

Bursche: Mann □ **tat mir leid**: dauerte mich □ **entgegnete**: antwortete □ **plagte**: schmerzte □ **hat verwechselt**: er denkt, es sei sein Haus, er verwechselt es

bestimmt: sicher, gewiß

erhob sich: stand auf □ **eilig**: schnell □ **eben darum**: genau aus diesem Grund □ **spendieren**: schenken

holte...ein: war bei ihm □ **Fremden**: Unbekannten

bleich: blaß, weiß □ **Erregung**: Nervosität

verwirrt: nicht normal, konfus

wie Ihnen zumute ist: was Sie fühlen

zog: nahm aus der Tasche □ **Notizbuch**: kleiner Schreibblock

kritzelte: schrieb □ **Zeile**: Linie □ **riß ab** < **abreißen**: herausnehmen

rasch: schnell □ **sonst**: wenn nicht

jedoch: aber

anbringen: sagen

enteilte: lief weg □ **bereits**: schon

gutmütig: gut, nett ≠ bösartig □ **meinte**: sagte

eintrat: hereinkam □ **nahm vor**: nahm

durchaus: überhaupt, absolut □ **vorsorglich**: vorherdenkend □

gespendet: geschenkt □ **zustoßen**: passieren, geschehen

suchte auf: ging in

die Straße auf, in der er gewohnt hatte. Als er bei seinem Hause vorbeischritt, sah er seine Frau mit dem anderen im Garten sitzen. Die Frau strickte, der Mann las die Zeitung; beide schauten zufrieden drein. Da war auch Herr Boras zufrieden.

Hause: Haus (datif) □ **vorbeischritt:** vorüberging
strickte: *tricotait*
schauten drein: sahen aus □ **zufrieden:** froh, glücklich

Grammaire au fil des nouvelles

Traduisez les phrases suivantes inspirées du texte (le premier chiffre renvoie à la page, les suivants aux lignes) :

Il avait trouvé son chemin, c'était certain et cela suffisait (juxtaposition, 22 - 8,9).

Ce fut son dernier rire ce jour-là (attribut ; complément de temps, 22 - 15).

Lorsqu'il arriva au jardin, il aperçut son chien (place du verbe, 22 - 26,27).

Il retourna dans sa maison pour en parler avec sa femme (traduction de "pour" devant une infinitive ; "en", 24 - 6,7).

Que faites-vous dans notre jardin (complément de lieu, 24 - 11) ?

"Sortez", s'écria la femme (emploi des particules à la place de l'impératif, 24 - 26).

Je vais lui demander (régime du verbe, 26 - 9,10).

Que signifie cette plaisanterie ? (emploi du verbe *sollen*, 26 - 13).

Je ne peux pas retourner chez les miens (pronom possessif, 26 - 19,20).

Dans la rue, Monsieur Boras comprit enfin ce qui s'était passé (complément de lieu ; relative, 28 - 6,7).

A cette heure-ci, il avait l'habitude de manger (28 - 27,28).

Il passe devant de nombreuses maisons et devant beaucoup de jardins (régime du verbe ; complément de lieu au datif, 28 - 27,28).

Sans réfléchir longuement, il ouvrit la porte (infinitive avec *ohne*, 30 - 1,2).

"As-tu quelque chose à critiquer ?" demanda la femme (30 - 20,21).

Je ne sais pas exactement si je rêve ou non (traduction de "si", 30 - 27,28).

Quelle insolence (32 - 8,9) !

"Ce garçon me faisait pitié", répliqua Monsieur Boras (32 - 12).

Ce qui lui arrive aujourd'hui, pourra m'arriver demain ("ce que" ; présent à la place du futur, 32 - 31).

DER SCHLAG* ANS HOFTOR

Franz Kafka (1883-1924)

Franz Kafka, einer der bedeutendsten Dichter des 20. Jahrhunderts, ist 1883 in Prag (damals Österreich-Ungarn) als Sohn eines jüdischen Kaufmanns geboren. Sein ganzes Leben lang litt Kafka unter seinem ehrgeizigen Vater, was sich auch teilweise in seinen Selbstanalysen (Tagebuch), Erzählungen und Romanen ("der Prozeß", "das Schloß", "Amerika") niederschlägt.

Kafkas umfangreiches Werk, das zum Großteil erst nach seinem Tode und gegen seinen Willen von Max Brod veröffentlicht wurde, ist oft traumhaft-surrealistisch und ermöglicht die vielseitigsten Interpretationen.

Der Mensch ist seiner Umwelt machtlos ausgeliefert, deren ordnendes Prinzip er nicht erkennen kann. Diese Unkenntnis des "Gesetzes" läßt ihn schuldig werden, wie zum Beispiel aus der folgenden Erzählung "der Schlag ans Hoftor" ersichtlich wird.

Nachdem Franz Kafka an Tuberkulose erkrankt war, verbrachte er seine letzten Lebensjahre in Kurorten und starb 1924 in einem Sanatorium in der Nähe von Wien.

* Schlag: Klopfen (mit der Hand oder der Faust)

Es war im Sommer, ein heißer Tag. Ich kam auf dem Nachhauseweg mit meiner Schwester an einem Hoftor vorüber. Ich weiß nicht, schlug sie aus Mutwillen ans Tor oder aus Zerstreutheit oder drohte sie nur mit der Faust und schlug gar nicht. Hundert Schritte weiter an der nach links sich wendenden Landstraße begann das Dorf. Wir kannten es nicht, aber gleich nach dem ersten Haus kamen Leute hervor und winkten uns, freundschaftlich oder warnend, selbst erschrocken, gebückt vor Schrecken. Sie zeigten nach
10 dem Hof, an dem wir vorübergekommen waren, und erinnerten uns an den Schlag ans Tor. Die Hofbesitzer werden uns verklagen, gleich werde die Untersuchung beginnen. Ich war sehr ruhig und beruhigte auch meine Schwester. Sie hatte den Schlag wahrscheinlich gar nicht getan, und hätte sie ihn getan, so wird deswegen nirgends auf der Welt ein Beweis geführt. Ich suchte das auch den Leuten um uns begreiflich zu machen, sie hörten mich an, enthielten sich aber eines Urteils. Später sagten sie, nicht nur meine Schwester, auch ich als Bruder werde angeklagt
20 werden. Ich nickte lächelnd. Alle blickten wir zum Hofe zurück, wie man eine ferne Rauchwolke beobachtet und auf die Flamme wartet. Und wirklich, bald sahen wir Reiter ins weit offene Hoftor einreiten. Staub erhob sich, verhüllte alles, nur die Spitzen der hohen Lanzen blinkten. Und kaum war die Truppe im Hof verschwunden, schien sie gleich die Pferde gewendet zu haben und war auf dem Wege zu uns. Ich drängte meine Schwester fort, ich werde alles allein ins Reine bringen. Sie weigerte sich, mich allein zu lassen. Ich sagte, sie solle sich aber wenigstens umkleiden, um in einem
30 besseren Kleid vor die Herren zu treten. Endlich folgte sie und machte sich auf den langen Weg nach Hause. Schon waren die Reiter bei uns, noch von den Pferden herab

38

heißer: sehr warmer □ **kam vorüber**: ging vorbei

Nachhauseweg: als ich nach Hause ging □ **Hoftor**: große Tür als Eingang zu einem großen Landhaus □ **schlug**: klopfte □

Mutwillen: Absicht □ **Zerstreutheit**: ohne zu denken □ **drohte ...Faust**: hob warnend die geschlossene Hand □ **hundert Schritte**: 50 m □ **wendenden**: drehenden, biegenden □ **Dorf**: Ortschaft, die viel kleiner als eine Stadt ist

hervor: heraus □ **winkten**: machten ein Zeichen □ **freundschaftlich**: wie ein Freund □ **gebückt...**: klein vor Angst

erinnerten: sagten nochmals □ **Schlag** < schlagen □ **Hofbesitzer**: der Hof gehört ihnen □ **verklagen**: der Justiz melden □ **Untersuchung**: alle Fragen □ **ruhig** ≠ nervös

wahrscheinlich: denke ich

getan: gemacht □ **deswegen**: aus diesem Grund

Beweis geführt: Erklärung gegeben □ **suchte**: wollte

begreiflich zu machen: zu erklären

enthielten...Urteils: sagten nicht, was sie dachten

angeklagt: beschuldigt

nickte: deutete "ja" mit dem Kopf □ **blickten**: sahen

ferne ≠ nahe □ **Rauchwolke**: über dem Feuer gibt es eine R. □

beobachtet: genau ansieht □ **Reiter**: Menschen auf einem Pferd

offen ≠ geschlossen □ **einreiten**: kommen □ **Staub**: Schmutz □

verhüllte: verdeckte □ **Lanzen blinkten**: Waffen deren Metallspitzen glänzten □ **verschwunden**: weg, nicht mehr zu sehen

gewendet: umgedreht, Richtung gewechselt

drängte fort: stieß weg; sie sollte weggehen □ **ins Reine bringen**: alles erklären □ **weigerte**: wollte nicht

sich umkleiden: die Kleider wechseln, sich umziehen

treten: gehen □ **folgte**: machte sie es

machte sich auf den Weg: begann zu gehen

von...herab: sie blieben auf den Pferden sitzen

fragten sie nach meiner Schwester. Sie ist augenblicklich nicht hier, wurde ängstlich geantwortet, werde aber später kommen. Die Antwort wurde fast gleichgültig aufgenommen; wichtig schien vor allem, daß sie mich gefunden hatten. Es waren hauptsächlich zwei Herren, der Richter, ein junger, lebhafter Mann, und sein stiller Gehilfe, der Aßmann genannt wurde. Ich wurde aufgefordert in die Bauernstube einzutreten. Langsam, den Kopf wiegend, an den Hosenträgern rückend, setzte ich mich unter den
10 scharfen Blicken der Herren in Gang. Noch glaubte ich fast, ein Wort werde genügen, um mich, den Städter, sogar noch unter Ehren, aus diesem Bauernvolk zu befreien. Aber als ich die Schwelle der Stube überschritten hatte, sagte der Richter, der vorgesprungen war und mich schon erwartete: »Dieser Mann tut mir leid.« Es war aber über allem Zweifel, daß er damit nicht meinen gegenwärtigen Zustand meinte, sondern das, was mit mir geschehen würde. Die Stube sah einer Gefängniszelle ähnlicher als einer Bauernstube. Große Steinfliesen, dunkel, ganz kahle Wand,
20 irgendwo eingemauert ein eiserner Ring, in der Mitte etwas, das halb Pritsche, halb Operationstisch war.

Könnte ich noch andere Luft schmecken als die des Gefängnisses? Das ist die große Frage oder vielmehr, sie wäre es, wenn ich noch Aussicht auf Entlassung hätte.

augenblicklich: im Moment

gleichgültig: ohne Emotionen □ **aufgenommen**: gehört
vor allem: besonders
hauptsächlich: vor allem □ **Richter**: der R. sagt, wer schuldig ist
lebhaft ≠ ruhig □ **Gehilfe**: Helfer
wurde aufgefordert: man sagte mir
Bauernstube: Wohnzimmer □ **einzutreten**: zu kommen □ **wiegend**:
bewegend □ **Hosenträger**: *bretelles* □ **rückend**: ziehend
scharfen: kontrollierenden □ **setzte in Gang**: begann zu gehen
genügen: genug sein □ **Städter**: ein S. wohnt in der Stadt
unter Ehren: mit freundlichen Worten □ **Bauernvolk**: Menschen
auf dem Land □ **Schwelle...hatte**: drinnen war
vorgesprungen: schnell nach vorne gegangen
tut mir leid: ich bedaure □ **über allem Zweifel**: ganz sicher
gegenwärtigen Zustand: wie ich jetzt war
meinte: sagen wollte □ **sondern**: aber, jedoch
sah ähnlicher: war mehr □ **Gefängniszelle**: Raum im Haus für
Kriminelle □ **Steinfliesen**: quadratische Platten □ **kahle**: leere
eingemauert: in der Mauer □ **eiserner**: aus Eisen (ein Metall)
Pritsche: Bett aus Holzbrettern □ **Operationstisch**: der Chirurg
operiert auf einem O. □ **Luft schmecken**: mit der Nase einatmen
vielmehr: besser
Aussicht: Hoffnung, Chance □ **Entlassung**: Freiheit, Befreiung

Grammaire au fil des nouvelles

Traduisez les phrases suivantes inspirées du texte (le premier chiffre renvoie à la page, les suivants aux lignes) :

C'était une journée très chaude (attribut du sujet, 38-1).

Nous ne connaissions pas le village ; nous ne pouvions rien faire (formes du verbe au passé, 38-6).

Si elle avait frappé au portail, on ne l'aurait pas accusée (suppression de "si" ; passif du subjonctif 2, 38 - 15).

Elle refusa de me laisser seul (infinitive, 38 - 28).

Je lui dis qu'elle doit au moins se changer (discours indirect, 38 - 29).

Du haut de leurs chevaux, ils voulurent avoir des nouvelles de ma sœur (*fragen nach*, 38 - 32 ; 40 - 1).

On l'appelait Aßmann (emploi du passif, 40 - 7).

Un mot suffira pour me libérer de cette situation (infinitive introduite par "pour", 40 - 11,12).

Je plains cet homme (expression idiomatique, 40 - 15).

Pourrais-je encore goûter à un air différent de celui d'une prison ? (subjonctif 2 ; génitif, 40 - 22,23).

DER NACHBAR

Franz Kafka (1883-1924)

Dünne Wände und was man deshalb befürchten kann...

Mein Geschäft ruht ganz auf meinen Schultern. Zwei Fräulein mit Schreibmaschinen und Geschäftsbüchern im Vorzimmer, mein Zimmer mit Schreibtisch, Kasse, Beratungstisch, Klubsessel und Telephon, das ist mein ganzer Arbeitsapparat. So einfach zu überblicken, so leicht zu führen. Ich bin ganz jung und die Geschäfte rollen vor mir her. Ich klage nicht, ich klage nicht.

Seit Neujahr hat ein junger Mann die kleine, leerstehende Nebenwohnung, die ich ungeschickterweise so lange zu
10 mieten gezögert habe, frischweg gemietet. Auch ein Zimmer mit Vorzimmer, außerdem aber noch eine Küche. — Zimmer und Vorzimmer hätte ich wohl brauchen können — meine zwei Fräulein fühlten sich schon manchmal überlastet —, aber wozu hätte mir die Küche gedient? Dieses kleinliche Bedenken war daran schuld, daß ich mir die Wohnung habe nehmen lassen. Nun sitzt dort dieser junge Mann. Harras heißt er. Was er dort eigentlich macht, weiß ich nicht. Auf der Tür steht: » Harras, Bureau «. Ich habe Erkundigungen eingezogen, man hat mir mitgeteilt, es
20 sei ein Geschäft ähnlich dem meinigen. Vor Kreditgewährung könne man nicht geradezu warnen, denn es handle sich doch um einen jungen, aufstrebenden Mann, dessen Sache vielleicht Zukunft habe, doch könne man zum Kredit nicht geradezu raten, denn gegenwärtig sei allem Anschein nach kein Vermögen vorhanden. Die übliche Auskunft, die man gibt, wenn man nichts weiß.

Manchmal treffe ich Harras auf der Treppe, er muß es immer außerordentlich eilig haben, er huscht förmlich an mir vorüber. Genau gesehen habe ich ihn noch gar nicht,
30 den Büroschlüssel hat er schon vorbereitet in der Hand. Im Augenblick hat er die Tür geöffnet. Wie der Schwanz einer

Geschäft: Arbeit □ **ruht**: liegt, ist □ **Schulter**: Körperteil zwischen Hals und Arm □ **Geschäftsbücher**: *livres de commerce*

Vorzimmer: erster Raum, den man in einer Wohnung betritt □

Beratungstisch: Tisch für eine Diskussion □ **Klubsessel**: Fauteuil

überblicken: alles sehen

rollen...her: laufen ab

klage nicht: ich bin zufrieden, sage nichts Schlechtes

Neujahr: 1. Januar □ **leerstehende**: ohne Bewohner, leere

Nebenwohnung: Wohnung neben der meinen □ **ungeschickter-weise**: leider □ **mieten**: monatlich Miete zahlen □ **gezögert**: nicht fest entschlossen

wohl: gut

das **Fräulein** - *die* **Fräulein** (pl.)

überlastet: zu viel Arbeit haben □ **gedient**: genützt

kleinliche ≠ großzügige □ **Bedenken**: Skrupel

eigentlich: genau, wirklich

steht: ist geschrieben □ **Bureau** = Büro

Erkundigungen eingezogen: viele Fragen über ihn gestellt □

mitgeteilt: gesagt □ **ähnlich**: fast wie □ **Kreditgewährung**: Kredit geben □ **geradezu**: richtig, wirklich □ **es handle sich um**: es gehe um □ **aufstrebenden**: ambitionierten

Zukunft habe: erfolgversprechend sei □ **zum Kredit raten**: man soll einen K. geben □ **gegenwärtig**: jetzt □ **allem Anschein nach**: es scheint so □ **kein... vorhanden**: es ist kein Geld da □ **übliche Auskunft**: Antwort, wie immer, Erklärung

treffe: begegne □ **Treppe**: Stufen, Stiege

außerordentlich: sehr □ **huscht förmlich**: läuft schnell wie ein Schatten

vorbereitet: schon vorher genommen

Augenblick: Moment □ **Schwanz**: langer, hinterster Körperteil

Ratte ist er hineingeglitten und ich stehe wieder vor der Tafel » Harras, Bureau «, die ich schon viel öfter gelesen habe, als sie es verdient.

Die elend dünnen Wände, die den ehrlich tätigen Mann verraten, den Unehrlichen aber decken. Mein Telephon ist an der Zimmerwand angebracht, die mich von meinem Nachbar trennt. Doch hebe ich das bloß als besonders ironische Tatsache hervor. Selbst wenn es an der entgegengesetzten Wand hinge, würde man in der Nebenwohnung alles hören. Ich habe mir abgewöhnt, den Namen der Kunden beim Telephon zu nennen. Aber es gehört natürlich nicht viel Schlauheit dazu, aus charakteristischen, aber unvermeidlichen Wendungen des Gesprächs die Namen zu erraten. — Manchmal umtanze ich, die Hörmuschel am Ohr, von Unruhe gestachelt, auf den Fußspitzen den Apparat und kann es doch nicht verhüten, daß Geheimnisse preisgegeben werden.

Natürlich werden dadurch meine geschäftlichen Entscheidungen unsicher, meine Stimme zittrig. Was macht Harras, während ich telephoniere? Wollte ich sehr übertreiben — aber das muß man oft, um sich Klarheit zu verschaffen —, so könnte ich sagen: Harras braucht kein Telephon, er benutzt meines, er hat sein Kanapee an die Wand gerückt und horcht, ich dagegen muß, wenn geläutet wird, zum Telephon laufen, die Wünsche des Kunden entgegennehmen, schwerwiegende Entschlüsse fassen, großangelegte Überredungen ausführen — vor allem aber während des Ganzen unwillkürlich durch die Zimmerwand Harras Bericht erstatten.

Vielleicht wartet er gar nicht das Ende des Gespräches ab, sondern erhebt sich nach der Gesprächsstelle, die ihn über

die Ratte: *le rat* □ hineingeglitten: schnell hineingegangen

Tafel: Schild an der Tür

als sie es verdient: als sie wert ist

elend: schrecklich □ dünn ≠ dick □ Wände: Innenmauern □
ehrlich: nicht betrügerisch □ verraten: sagen, mitteilen □ decken:
schützen □ angebracht: fixiert, festgemacht

trennen: in 2 Teile teilen □ hebe...hervor: betone, insistiere

Tatsache: Realität □ selbst: auch □ entgegengesetzten: gegenüber-
liegenden □ hinge < hängen

habe mir abgewöhnt: mache es nicht mehr

Kunde: Käufer □ nennen: sagen □ es gehört dazu: man braucht

Schlauheit: Intelligenz; die Schl. des Fuchses

unvermeidlich: was man sagen muß □ Wendungen: Satzteile

erraten: finden □ umtanze: tanze um...herum □ Hörmuschel:
Telefon □ von Unruhe gestachelt: ganz nervös, irritiert □
Fußspitzen: Zehen □ verhüten: vermeiden □ daß Geheimnisse
preisgegeben werden: sagen, was niemand wissen soll

dadurch: so □ geschäftlich: für die Arbeit □ Entscheidungen: was
ich machen werde □ zittrig: unruhig, laut und leise

übertreiben: viel mehr sagen, als wahr ist □ um sich Klarheit zu
verschaffen: um alles zu verstehen

benutzt = benützt: verwendet, nimmt in Gebrauch

gerückt: gestellt □ horcht: hört zu □ geläutet: geklingelt

entgegennehmen: anhören □ schwerwiegende...fassen: wichtige
Dinge entscheiden □ großangelegte...ausführen: lange diskutieren

unwillkürlich: ich will es nicht

Bericht erstatten: alles erzählen, informieren

wartet ab: wartet bis zum Schluß

sondern: aber □ erhebt sich: steht auf □ Gesprächsstelle: Teil des

den Fall genügend aufgeklärt hat, huscht nach seiner Gewohnheit durch die Stadt und, ehe ich die Hörmuschel aufgehängt habe, ist er vielleicht schon daran, mir entgegenzuarbeiten.

Gespräches □ **genügend**: genug □ **aufgeklärt**: er weiß jetzt alles
Gewohnheit: was man immer macht □ **ehe**: bevor
ist daran: hat begonnen
entgegenzuarbeiten: gegen mein Interesse zu handeln

Grammaire au fil des nouvelles

Traduisez les phrases suivantes inspirées du texte (le premier chiffre renvoie à la page, les suivants aux lignes) :

A quoi m'aurait servi la cuisine ? (subjonctif 2 passé, 44 - 14).

J'ignore ce qu'il fait là-bas (traduction de "ce que", 44 - 17,18).

On m'a expliqué que c'était une affaire semblable à la mienne (discours indirect, 44 - 19,20).

Les renseignements que l'on vous donne quand on ignore tout (subordonnée relative, traduction de "quand", 44 - 25,26).

Il est certainement toujours extrêmement pressé (expression de la certitude par le verbe *müssen*, 44 - 27,28).

J'ai lu cet écriteau beaucoup plus souvent qu'il ne le mérite (comparatif suivi de "que", 46 - 2,3).

Si le téléphone était accroché ici, on n'entendrait pas tout (conditionnel : subjonctif 2, 46 - 9,10).

J'ai perdu l'habitude de prononcer les noms des clients au téléphone (proposition infinitive, emploi de *zu*, 46 - 10,11).

Si je voulais exagérer, je pourrais dire ceci (suppression de *wenn* en début de phrase ; emploi du subjonctif 2, 46 - 20,21,22).

Je dois me précipiter au téléphone, prendre des décisions, mais, avant tout, faire un rapport à mon voisin (place de l'infinitif, 46 - 24,25).

Il n'attend pas la fin de l'entretien mais se lève tout de suite (conjonction de coordination "mais", après une négation, 46 - 30,31).

Avant de raccrocher le téléphone, je lui avais tout expliqué (traduction de l'infinitive en commençant par *bevor* ou *ehe*, 46 - 33 ; 48 - 3).

DAS STADTWAPPEN*

Franz Kafka (1883-1924)

Der Turmbau von Babylon (Babel) und die materiellen und psychologischen Probleme, die dabei entstanden sind...

* Stadtwappen : *les armes de la ville.*

Anfangs war beim babylonischen Turmbau alles in leidlicher Ordnung; ja, die Ordnung war vielleicht zu groß, man dachte zu sehr an Wegweiser, Dolmetscher, Arbeiterunterkünfte und Verbindungswege, so als habe man Jahrhunderte freier Arbeitsmöglichkeit vor sich. Die damals herrschende Meinung ging sogar dahin, man könne gar nicht langsam genug bauen; man mußte diese Meinung gar nicht sehr übertreiben und konnte überhaupt davor zurückschrecken, die Fundamente zu legen. Man argumen-
10 tierte nämlich so: Das Wesentliche des ganzen Unternehmens ist der Gedanke, einen bis in den Himmel reichenden Turm zu bauen. Neben diesem Gedanken ist alles andere nebensächlich. Der Gedanke, einmal in seiner Größe gefaßt, kann nicht mehr verschwinden; solange es Menschen gibt, wird auch der starke Wunsch da sein, den Turm zu Ende zu bauen. In dieser Hinsicht aber muß man wegen der Zukunft keine Sorgen haben, im Gegenteil, das Wissen der Menschheit steigert sich, die Baukunst hat Fortschritte gemacht und wird weitere Fortschritte machen, eine Arbeit,
20 zu der wir ein Jahr brauchen, wird in hundert Jahren vielleicht in einem halben Jahr geleistet werden und überdies besser, haltbarer. Warum also schon heute sich an die Grenze der Kräfte abmühen? Das hätte nur dann Sinn, wenn man hoffen könnte, den Turm in der Zeit einer Generation aufzubauen. Das aber war auf keine Weise zu erwarten. Eher ließ sich denken, daß die nächste Generation mit ihrem vervollkommneten Wissen die Arbeit der vorigen Generation schlecht finden und das Gebaute niederreißen werde, um von neuem anzufangen. Solche
30 Gedanken lähmten die Kräfte, und mehr als um den Turmbau kümmerte man sich um den Bau der Arbeiterstadt. Jede Landsmannschaft wollte das schönste Quartier

Anfangs: zu Beginn □ **babylonisch:** von Babel (Babylon) □
Turmbau: Konstruktion des Turmes □ **leidlicher:** relativer
Wegweiser: Tafel, die die Richtung anzeigt □ **Dolmetscher:**
Übersetzer □ **...unterkünfte:** Wohnungen für... □ **Verbindungs-
wege:** Straßen
damals: in dieser Zeit □ **herrschende:** wichtigste □ **ging dahin:** war

übertreiben: viel mehr sagen als wahr ist □ **überhaupt:** auf jeden
Fall □ **zurückschrecken:** Angst haben
Wesentliche: Wichtigste □ **Unternehmens:** Plans
Gedanke: Idee □ **reichenden:** so hohen

nebensächlich: unwichtig, zweitrangig
gefaßt: genommen □ **verschwinden:** nicht dableiben
starke ≠ schwache
in dieser Hinsicht: dann
Zukunft: kommende Zeiten □ **Sorgen:** ängstliche Gedanken
Menschheit: alle Menschen □ **steigert:** wird größer □ **Baukunst...g-
emacht:** Architektur hat sich verbessert

geleistet: gemacht, vollbracht
überdies: noch dazu, außerdem □ **haltbarer:** fester, solider
Grenze: Ende □ **Kräfte** ≠ Schwäche □ **abmühen:** anstrengen □
Sinn: Bedeutung □ **hoffen:** den Wunsch haben
auf keine Weise: sicher nicht
eher: mehr, lieber
vervollkommneten: perfekten
vorigen ≠ nächsten □ **Gebaute:** Turm
niederreißen: kaputtmachen, zerstören □ **von neuem:** wieder
lähmten: unbeweglich machen □ **Kräfte:** Stärke
kümmerte sich um: interessierte sich für
Landsmannschaft: Menschengruppe aus einem Land

haben, dadurch ergaben sich Streitigkeiten, die sich bis zu blutigen Kämpfen steigerten. Diese Kämpfe hörten nicht mehr auf; den Führern waren sie ein neues Argument dafür, daß der Turm auch mangels der nötigen Konzentration sehr langsam oder lieber erst nach allgemeinem Friedensschluß gebaut werden sollte. Doch verbrachte man die Zeit nicht nur mit Kämpfen, in den Pausen verschönerte man die Stadt, wodurch man allerdings neuen Neid und neue Kämpfe hervorrief. So verging die Zeit der ersten
10 Generation, aber keine der folgenden war anders, nur die Kunstfertigkeit steigerte sich immerfort und damit die Kampfsucht. Dazu kam, daß schon die zweite oder dritte Generation die Sinnlosigkeit des Himmelsturmbaus erkannte, doch war man schon viel zu sehr miteinander verbunden, um die Stadt zu verlassen.

Alles was in dieser Stadt an Sagen und Liedern entstanden ist, ist erfüllt von der Sehnsucht nach einem prophezeiten Tag, an welchem die Stadt von einer Riesenfaust in fünf kurz aufeinanderfolgenden Schlägen
20 zerschmettert werden wird. Deshalb hat auch die Stadt die Faust im Wappen.

ergaben: entstanden □ **Streitigkeiten**: kleine Kriege

blutigen Kämpfen: Krieg mit Waffen □ **steigerten**: größer wurden

Führern: Chefs

mangels... Konzentration: weil die K. fehlte

allgemeinem: generell, für alle

Friedensschluß: Ende der Kämpfe □ **verbrachte** < verbringen

verschönerte: machte schöner

allerdings: aber, jedoch □ **Neid**: *jalousie, envie*

hervorrief: provozierte

folgenden: nächsten □ **anders**: verschieden

Kunstfertigkeit: das Wissen, das Können □ **immerfort**: immer

Kampfsucht: Freude am Krieg □ **dazu kam, daß**: und

Sinnlosigkeit: ohne Interesse, ohne Nutzen

verbunden: gewohnt, zusammen zu leben

Sagen: Legenden, Erzählungen aus alter Zeit

entstanden ist: gemacht wurde □ **erfüllt... Sehnsucht**: voll Nostalgie

prophezeiten: vorhergesagten

Riesenfaust: sehr, sehr große, geschlossene Hand □ **aufeinanderfolgenden**: einer nach dem anderen □ **zerschmettert**: ganz kaputtge-
macht □ **deshalb**: darum, so

Grammaire au fil des nouvelles

Traduisez les phrases suivantes inspirées du texte (le premier chiffre renvoie à la page, les suivants aux lignes) :

La réglementation était trop importante, on pensait trop aux détails (traduction de "trop", 52 - 2,3).

L'essentiel de toute l'entreprise était de construire une tour (adjectif et infinitif substantivés, 52 - 10,11).

Tout le reste est négligeable (pronom indéfini, 52 - 12).

Dans cent ans, ce travail sera accompli en six mois (compléments de temps ; futur du passif, 52 - 20,21).

Cela n'aurait un sens que si l'on pouvait espérer terminer la tour en peu de temps (conditionnel présent ; infinitive avec *zu*, 52 - 23,24).

On s'occupait davantage de la construction de la ville (régime du verbe *sich kümmern*, 52 - 30,31).

On passait son temps à se faire la guerre ; le temps passait (traduction du verbe "passer", 54 - 6,7).

La deuxième et la troisième générations reconnurent déjà l'absurdité de cette entreprise (nombres ordinaux, 54 - 12,13).

Tout ce qui existe... (pronom relatif, 54 - 16).

DIE LIEBESBRIEFE

Paul Ernst (1866-1933)

Paul Ernst, 1866 geboren, stammt aus dem Harzgebirge. Er studierte Theologie und Literaturgeschichte und beschäftigte sich zunächst mit russischer sozialrevolutionärer Literatur und mit der marxistischen Lehre; er kam aber später zu der Erkenntnis, daß nicht die Politik, sondern die Moral jedes einzelnen Menschen die Welt verbessern könnte.

In diesem Sinne schrieb er Dramen, Novellen und kleine Romane, zog sich aus dem Großstadtleben zurück und verbrachte seine letzten Lebensjahre in Österreich, in der Steiermark, wo er 1933 gestorben ist.

In der Geschichte "die Liebesbriefe" lernen wir einen alten Schauspieler und seine letzte große Liebe kennen...

Daß Isabelle viele Anbeter hat, wird gewiß niemand wundern; sie trägt ein hellrotes Samtkeid, die Ärmel gepufft und geschlitzt, mit gelber Seide unterfüttert, und darüber einen ärmellosen, offenen violetten Samtmantel. Wenn Lelio ihr zu Füßen sinkt, und sie sich anmutig neigt, um ihn aufzuheben, dann ziehen die alten Herren im Parkett ihre Tabaksdose hervor, nehmen eine stille Prise und zerdrücken eine heimliche Träne; das ganze Theater ist atemlos, und den Jungens auf der Galerie läuft das Wasser
10 im Munde zusammen.

Der Notar kann natürlich lesen und schreiben, er ist einer von den wenigen Mitgliedern der Truppe mit wissenschaftlicher Bildung; man erzählt sich von ihm, daß er vor langen Jahren Student war und Schauspieler wurde aus Liebe zu einer Schauspielerin. Der gute Notar war ja auch einmal jung, aber das ist so lange her, daß er selber keine Erinnerung mehr daran hat. Wie alt er eigentlich ist, weiß niemand; selbst die ältesten Mitglieder der Truppe können sich nicht entsinnen, daß er jemals anders aussah wie jetzt.
20 Der arme Notar ist auch nicht ansehnlich; er ist schwarz gekleidet, und eine rote Aktenmappe ist der einzige freudige Fleck an seiner Person; er hat eine Feder hinterm Ohr und eine große Brille auf der Nase; und dazu hat er noch einen Bauch, nicht so einen straffen, fröhlichen, männlichen, kräftigen Bauch, der sich majestätisch wölbt unter einer breiten Brust und roten, gesunden Backen, sondern einen jammervollen Hängebauch, der nie wackeln kann, wenn sein Herr lacht, sondern der nur immer trübselig und kümmerlich niederschlottert. Kann der Notar verlangen,
30 daß Isabelle ihn liebt? Nein, er kann es nicht. Aber er verlangt es auch nicht. Der Notar ist ein Philosoph.

Lelio ist Isabellen zu Füßen gefallen. Isabelle hat ihn

Anbeter: Bewunderer, Fans □ **gewiß**: sicher, bestimmt

wundern: erstaunen □ **Samtkleid**: *robe de velours* (Samt: *velours*)

gepufft: rund und weit □ **geschlitzt**: geöffnet □ **mit...unterfüttert**:
innen ist gelbe Seide (*soie*) □ **ärmellosen**: ohne Ärmel (*manches*)

sinkt: fällt □ **anmutig**: graziös □ **neigt**: den Kopf beugt

ziehen hervor: nehmen heraus

Parkett: *parterre* □ **Tabaksdose**: Schachtel für Tabak

zerdrücken: wischen weg □ **heimliche**: diskrete □ **Träne**: aus den
Augen fließen Tränen □ **atemlos**: interessiert □ **Jungens**: Knaben
□ **läuft...zusammen**: sie bekommen Appetit

Mitgliedern: Kollegen □ **wissenschaftlicher**: akademischer

Bildung: Studium □ **erzählt**: sagt

Schauspieler: der S. spielt im Theater oder im Film

ja: natürlich

jung ≠ alt □ **ist...her**: war vor so langer Zeit

Erinnerung: Souvenir □ **daran**: an diese Zeit □ **eigentlich**: wirklich

selbst: sogar, auch

entsinnen: erinnern □ **jemals**: früher □ **aussah**: war □ **wie**: als

ansehnlich: schön

gekleidet: angezogen □ **Aktenmappe**: *serviette* □ **einzige**: allein

Fleck: Stück □ **Feder**: Vögel haben Federn □ **hinterm**: hinter dem

Brille: die B. hat zwei Gläser □ **dazu**: außerdem

Bauch: *ventre* □ **straffen**: festen ≠ lockeren

kräftigen: starken □ **wölbt**: rundet, rund ist

breiten ≠ schmalen, engen □ **Brust**: die B. ist über dem Bauch □

Backen: Wangen, *joues* □ **jammervollen**: traurigen □ **wackeln**: sich
bewegen □ **sondern**: aber □ **trübselig** = kümmerlich: traurig

niederschlottert: hinunterhängt □ **verlangen**: erwarten

Isabellen: Dativ von Isabelle

aufgehoben, die alten Herren haben die Deckel ihrer
Schnupftabaksdosen zugeklappt, die tiefe Erschütterung
des Publikums hat sich in stürmischen Beifall aufgelöst, die
Jungens auf der Galerie haben so getrampelt, daß das
gesamte Publikum husten muß von dem aufgewirbelten
Staub, der Vorhang ist gefallen; Isabelle sagt zu Lelio:
»Das ist doch ein närrisches Geschäft, das Komödiespie-
len, nun höre nur wieder, wie sie verrückt sind«; Lelio
erwidert: »Ich war heute auch hinreißend«; Isabelle zuckt
10 die Achseln und tritt zum Notar, der mit verklärtem Gesicht
vor sich hinstarrt. Sie zieht einen Brief aus dem Busen; er
ist noch warm von ihrer Haut, wie ihn der Notar mit
zitternden Händen nimmt. »Ein Ring war nicht drin«,
erzählt sie geringschätzig. Der Alte liest ihr vor: es ist ein
Gedicht, das er mit bebender Stimme ihr vorliest. Sie will
sich ausschütten vor Lachen; »das muß ein närrischer Kerl
sein«, sagt sie, »das ist einer von denen, die nur Blumen
schicken; aber Blumen waren auch nicht dabei«.
»Vielleicht ist er arm und hat kein Geld für Blumen«,
20 wendet der Notar ein. »Weshalb unterschreibt er sich denn
nicht, wenn er arm ist, dann ist er vielleicht sehr jung«,
erwidert sie nachdenklich. Der Notar fährt sich mit der
Hand über das Gesicht. Ob ein Vers Isabellen gerührt hat?
Sie fragt: Hat er das Gedicht wohl selber gemacht?« »Er
hat es selber gemacht, auf dich hat er es gemacht«, erwidert
eilfertig der Notar. »Ja, was soll ich denn nun tun?« spricht
sie wie zu sich selber. »Du bist doch ein guter Kerl, du mußt
ihm antworten; er gibt ja eine Chiffre an«, spricht der
Notar. Lachend sagt sie: »Antworte du ihm, Alter, ich
30 kann nicht schreiben.« »Was?« »Daß ich ihn liebe, daß ich
diese Nacht sein Gedicht unter mein Kopfkissen legen
will«, ruft sie lachend aus, entreißt ihm das Blatt, wirft sich

Deckel: Verschlüsse der Dosen
Schnupftabak...: *tabac à priser* ☐ **zugeklappt:** geschlossen ☐
Erschütterung: Emotion ☐ **stürmischen Beifall:** großen Applaus ☐
hat aufgelöst: ist geworden ☐ **getrampelt:** mit den Füßen Lärm
gemacht ☐ **gesamte:** ganze ☐ **husten:** *tousser* ☐ **aufgewirbelten:**
fliegenden ☐ **Staub:** kleine Schmutzteilchen, *poussière* ☐ **Vorhang:**
rideau ☐ **närrisches Geschäft:** sonderbare Sache

nun: jetzt ☐ **nur:** doch ☐ **verrückt:** toll, begeistert, nicht, normal
erwidert: antwortet ☐ **hinreißend:** sehr gut, ausgezeichnet ☐
zuckt...Achseln: bewegt die Schultern ☐ **tritt** < **treten:** geht ☐
verklärtem: glücklichem ☐ **vor...hinstarrt:** nach vorne sieht ☐
zieht...Busen: nimmt aus dem Kleid ☐ **Haut:** Neger haben eine
dunkle H. ☐ **zitternden:** unruhigen ☐ **drin:** im Brief
geringschätzig: abwertend, enttäuscht ☐ **liest vor:** liest laut
Gedicht: Poesie ☐ **bebender:** zitternder ☐ **Stimme:** *voix*
ausschütten: nicht mehr beruhigen ☐ **Kerl:** Typ, Mensch

schicken: senden ☐ **dabei:** im oder bei dem Brief
arm ≠ reich
wendet ein: argumentiert ☐ **weshalb:** warum

nachdenklich: langsam, versonnen ☐ **fährt sich:** streicht
ob: er fragt, ob... ☐ **gerührt:** bewegt, interessiert
wohl: denn
auf dich: für dich
eilfertig: schnell ☐ **tun:** machen

ja: denn, weil ☐ **gibt an:** schreibt ☐ **Chiffre:** Nummer

Kopfkissen: im Bett legt man den Kopf auf das K.
entreißt: nimmt schnell ☐ **wirft:** nimmt

61

ihr Tuch um den Kopf und eilt nach Hause. » Unter ihr Kopfkissen «, murmelt der Notar vor sich hin, » unter ihr Kopfkissen «.

Am anderen Tage bringt er Isabellen die Antwort : er hat gleichfalls ein Gedicht geschrieben. Isabelle sitzt unter der Donnermaschine und hört ihm nachdenklich zu, wie er ihr vorliest ; ihre Augen füllen sich mit Tränen. » Wie das schön ist ! « ruft sie aus ; » ach, weshalb ist der junge Mann nicht hier, damit ich ihm das Gedicht selber geben kann ! Ja, das
10 ist mein Gefühl, Alter, das hast du getroffen ! « » Nun, so ganz alt sind wir denn doch wohl nicht «, erwidert der Notar und streckt sich ; seine Wangen färben sich leicht und seine Augen glänzen. » Ich bringe das Gedicht selber zum Kasten «, schließt Isabelle, springt auf, umarmt den Notar, küßt ihn, dreht ihn einige Male im Kreise herum, reißt ihm den Brief aus der Hand, und stürmt fort.

Natürlich antwortet der Unbekannte, muß der Notar Isabellen sein Gedicht wieder vorlesen und ein neues Gedicht schreiben ; und so gehen die Briefe hin und her ; sie
20 werden immer zärtlicher, immer leidenschaftlicher. Wenn der Notar vorliest, so sitzt Isabelle neben ihm, bückt sich auf das Papier und sucht den Worten zu folgen ; sie spürt es kaum, wie der Notar den Arm um sie legt ; ihre Tränen fließen ; der Notar weint, die Tränen fallen auf das Papier ; lachend macht sich Isabelle frei und ruft : » Du denkst wohl, du bist mein Geliebter, der mir die schönen Gedichte schreibt ! «

Alle Schauspieler sind neugierig, was die beiden haben mögen, aber die hüten ihr Geheimnis, sie verraten nichts
30 von den Gedichten und dem unbekannten Liebhaber, denn sie wissen, daß die anderen lachen würden. Wenn sie auf der Bühne nicht beschäftigt sind, dann erzählen sie sich von

Tuch: quadratischer Stoff □ eilt: geht schnell
murmelt: sagt leise □ vor sich hin: für sich allein

anderen: nächsten
gleichfalls: auch
Donnermaschine: im Theater macht die D. großen Lärm, sie
donnert □ füllen: werden voll □ Tränen: T. fließen aus ihren Augen

Gefühl: was ich im Herzen fühle, spüre □ getroffen < treffen:
richtig gesagt □ ganz: sehr □ denn doch wohl: auch
streckt: macht sich groß □ färben...leicht: werden rot
glänzen: leuchten
Kasten: Briefkasten, Postkasten □ springt auf: steht auf □
umarmt: legt ihre Arme um... □ küßt: *embrasse* □ dreht...herum:
tanzt mit ihm □ stürmt fort: läuft schnell weg
Unbekannte: Fremde

gehen hin und her: *vont et viennent*
zärtlicher: liebevoller □ leidenschaftlicher: feuriger; Liebe ist eine
Leidenschaft □ so: dann □ bückt: beugt, neigt den Kopf
sucht: versucht □ spürt: fühlt, bemerkt
kaum: fast nicht
weint ≠ lacht
wohl: sicher
Geliebter: Freund, *amant*

neugierig: wollen alles wissen □ die beiden: die zwei □ haben
mögen: denn haben □ hüten: sagen nicht, behalten □ Geheimnis:
etwas, was man niemandem sagt ist ein G. □ Liebhaber: Freund

beschäftigt sind: arbeiten

dem Liebhaber, wie er aussehen mag, wie alt er ist, welchen Stand er hat; Isabelle glaubt, er ist ein hübscher junger Student, der auf die Galerie geht, weil er arm ist; der Notar meint, er könne doch vielleicht schon ein älterer Mann sein, vielleicht ein Mann in den besten Jahren, denn Jünglinge lieben nicht so treu, sie sind flatterhaft; vielleicht ist Isabelle die letzte Liebe eines solchen Mannes; vielleicht, wenn er wüßte, daß Isabelle ihn lieben würde, auch wenn er nicht mehr so ganz jung ist, dann würde er sich entdecken.
10 Isabelle schüttelt den Kopf; sie findet, daß man unmöglich einen Alten lieben kann. » Da könnte ich dich doch auch lieben, Notar! « ruft sie ungeduldig aus, wie er immer bei seiner Meinung beharrt. Der Notar seufzt und schweigt.

Sollte man es für möglich halten? Die Schauspieler behaupten, daß Isabellens Gesicht sich ändert, daß sie einen glücklichen und zufriedenen Ausdruck bekommen hat, ja, daß ihr Gang anders geworden ist, zaghafter und ruhiger. Natürlich nehmen alle jetzt an, daß sie eine Liebschaft mit dem Notar hat, der doch ihr Großvater sein könnte; die
20 Männer machen Witze über den Alten, die Frauen höhnen über Isabellen; aber die beiden lächeln still und lassen sich nicht stören.

An einem Abend begleitet der Notar Isabellen nach Hause; er begleitet sie jetzt gewöhnlich, denn sie sagt, sie wolle nicht, daß ihr unbekannter Liebhaber eifersüchtig werde, wenn sie sich von einem jungen Manne begleiten lasse; auf den Notar werde er gewiß nicht eifersüchtig; und der Notar bestätigt eifrig und mit Beteuerungen, auf ihn könne der unbekannte Liebhaber nicht eifersüchtig werden.
30 Und er nimmt es ernst mit der Begleitung, er bietet ihr den Arm, hilft ihr über die breiten Gossen, unterstützt sie beim

aussehen mag: vielleicht ist
Stand: Position, Beruf □ **hübscher**: schöner ≠ häßlicher

meint: glaubt, sagt □ **älterer**: relativ alter
in...Jahren: zwischen 40 und 50 Jahren □ **Jünglinge**: junge Männer
□ **treu**: ein Hund ist t. □ **flatterhaft**: unruhig, wechselnd
eines solchen: so eines

entdecken: seinen Namen sagen
schüttelt: deutet "nein" mit dem Kopf □ **unmöglich**: sicher nicht
doch: ja, denn
ungeduldig: sie kann nicht warten, sie ist ungeduldig.
beharrt: bleibt □ **seufzt**: *soupire* □ **schweigt**: sagt nichts mehr
sollte: kann □ **für...halten**: glauben
behaupten: sagen □ **ändert**: anders wird
zufriedenen: frohen □ **Ausdruck**: Miene
Gang: wie sie geht □ **zaghafter**: unsicherer
nehmen an: denken, glauben □ **Liebschaft**: verliebte Freundschaft,
Verhältnis
machen Witze: sagen dumme Dinge □ **höhnen**: ironisieren

stören: ärgern, *déranger*
begleitet: geht mit
gewöhnlich: immer
eifersüchtig: er hat Angst, daß sie einen anderen liebt, er ist
eifersüchtig

bestätigt: sagt "ja" □ **eifrig**: schnell □ **mit Beteuerungen**:
versichert, behauptet fest
ernst: seriös □ **bietet**: gibt
Gosse(n): Wasser am Straßenrand □ **unterstützt**: hilft, hält

Treppensteigen, indem er ängstlich sein klopfendes Herz preßt, damit sie nicht seine Ermüdung merkt. Da ist eine sehr breite Gosse; er springt gewandt hinüber, um ihr die Hand zu reichen und sie nach sich zu ziehen; aber da hat jemand eine Apfelsinenschale hingeworfen; der Notar gleitet aus, stürzt und bricht sich ein Bein; seine alten Knochen sind ja schon morsch. Isabelle erschrickt; er sucht sich zu erheben, um sie zu beruhigen, aber er kann nicht; so sehr er sich bezwingt, muß er doch leise stöhnen. Isabelle
10 spingt zu ihm hinüber, kauert im Schmutz und nimmt seinen Kopf in den Schoß; dankbar sagt er zu ihr: » Gutes Kindchen, gutes Kindchen. « Sie ruft, Leute kommen, man hebt den alten Mann auf und bringt ihn nach Hause; der Barbier wird geholt und schient das Bein; Isabelle bleibt bei ihm, hört seine Fieberphantasien; immer spricht er von ihr, von den Gedichten, sagt er die Gedichte her, und wunderlich vermengt er den unbekannten Liebhaber mit sich selber, spricht von einem Studenten auf der Galerie, der sich in eine Schauspielerin verliebt hat, in die Isabelle, und
20 ihr zuliebe Schauspieler geworden ist; er ist Notar geworden; aber das ist schon lange, lange Jahre her, und er ist jetzt ein alter Mann und nun liebt er wieder seine Isabelle; aber jetzt ist er zu alt für Isabellen; Isabelle darf nie wissen, daß er es ist, der ihr die Briefe geschrieben hat.

Am anderen Morgen ist sein Verstand wieder klar; er erwacht, sieht Isabellen an seinem Bett sitzen und lächelt. Er sagt: » Ich sterbe, Isabelle, das fühle ich; ich bin ja schon alt. « Isabelle sucht ihm das auszureden, und wie er immer den Kopf schüttelt, sagt sie endlich weinend: » Wer soll mir
30 denn nun die Briefe von meinem unbekannten Liebhaber vorlesen und beantworten! « Der Notar schließt die Augen und schweigt eine Weile; dann sagt er lächelnd: » Es werden

Treppensteigen: die Treppe (Stiegen) hinaufgehen □ **indem**:
während □ **preßt**: drückt □ **Ermüdung**: Müdigkeit □ **merkt**: sieht
breite ≠ schmale □ **gewandt**: geschickt, *habilement*
reichen: geben
Apfelsinenschale: Haut einer Orange (= Apfelsine)
gleitet aus: rutscht aus, wie auf einer Bananenschale □ **stürzt**: fällt
hin □ **Knochen**: das Skelett besteht aus K. □ **morsch**: brechen
leicht □ **erheben**: aufstehen □ **beruhigen**: ruhig machen
bezwingt: besiegt, beherrscht □ **stöhnen**: klagen, fast weinen
kauert: hockt, sitzt fast
Schoß: Knie □ **dankbar**: voll Dank

hebt auf: nimmt, trägt □ **bringt**: führt
schient: macht eine Schiene, Stütze
Fieberphantasien: er hat erhöhte Temperatur und spricht viel
sagt her: sagt auswendig auf
wunderlich: sonderbar □ **vermengt**: mischt, verwechselt

sich verliebt hat: plötzlich liebt
ihr zuliebe: für sie
das...her: das war vor vielen, vielen Jahren

Isabellen: Akkusativ von Isabelle
er es ist: der Notar selbst
Verstand: Geist, Kopf
erwacht: wacht auf
fühle: spüre □ **ja**: denn
auszureden: zu sagen, daß es nicht richtig ist, nicht stimmt
weinend: und weint

beantworten: antworten auf □ **schließt**: macht zu
schweigt eine Weile: ist einen Moment lang still

keine Briefe mehr kommen. «

Er starb wirklich an seiner Verletzung; nur ein paar Stunden lebte er noch; Isabelle war bei ihm; und er starb, als sie ihn aufrichtete, um sein Kopfkissen höher zu legen; so war es in ihren Armen, daß er seinen Geist aufgab, und ihre Finger drückten ihm die Augen zu. Und er hatte recht gehabt mit seiner Voraussicht: es kamen keine Briefe mehr von dem unbekannten Liebhaber.

Verletzung: sein gebrochenes Bein ist die V. ☐ **ein paar:** einige

aufrichtete: im Bett aufsetzte
seinen Geist aufgab: starb
drückten zu: machten zu, schlossen ☐ **hatte recht gehabt:** es war
richtig, was er gesagt hatte ☐ **Voraussicht:** Prophezeiung

Grammaire au fil des nouvelles

Traduisez les phrases suivantes inspirées du texte (le premier chiffre renvoie à la page, les suivants aux lignes) :

Bien sûr le notaire sait lire et écrire (traduction du verbe "savoir", 58 - 11).

Il était devenu acteur par amour pour une actrice (58 - 14,15).

Il y a si longtemps qu'il ne s'en souvient plus (58 - 16,17).

Personne ne sait vraiment quel âge il a (traduction idiomatique, 58 - 17).

Il n'y avait pas de bague dans la lettre ("il y a", 60 - 13).

C'est une poésie qu'il lit d'une voix tremblante (relative, complément de manière, 60 - 14,15).

Que dois-je faire maintenant (traduction de "devoir", 60 - 26) ?

Elle met la lettre sous son oreiller (traduction de "mettre" ; possessif ; complément de lieu, 60 - 31).

"Que c'est beau !" s'écrie-t-elle (60 - 7,8).

Elle pense que l'on ne peut pas aimer un vieillard (subordonnée ; adjectif substantivé, 64 - 10,11).

Elle dit qu'elle ne veut pas que l'inconnu devienne jaloux (discours indirect, 64 - 25,26).

Il glisse, tombe et se casse la jambe (66 - 6).

Il essaye de se relever pour lui (à elle) donner la main (infinitive introduite par "pour", 66 - 7,8).

Il parle d'un étudiant qui était tombé amoureux d'une actrice (relative ; "tomber amoureux de", 66 - 18,19).

Isabelle ne devra jamais savoir que c'était lui qui lui avait envoyé les lettres (traduction de "devoir" ; relative, 66 - 23,24).

Il se réveille et sourit (66 - 26).

Il mourut réellement de sa blessure ("mourir de", 68 - 2).

Isabelle était près de lui (traduction de "près de, chez", 68 - 3).

Il avait eu raison (expression idiomatique, 68 - 6).

DIE VERSICHERUNG*

Alexander Roda Roda (1872-1945)

Der Autor Alexander Roda Roda wurde bald über die Grenzen der k. u. k. Monarchie hinaus als Humorist bekannt. Sein eigentlicher Name ist Sandor Friedrich Rosenfeld, er wurde 1872 in einem kleinen slowenischen Dorf des alten Österreich geboren. Zunächst war Roda Roda Berufsoffizier, lebte aber ab 1903 als freier Schriftsteller in München und schrieb Anekdoten, Humoresken und satirische Romane. 1945 starb er im New Yorker Exil.

Mit viel Humor erzählt uns der Autor in der "Versicherung", was er nach einem schweren Gewitter in der rumänischen Stadt Galatz erlebte, und was auch uns selbst einmal passieren könnte...

* Versicherung : *assurance*.

Kaum hatte ich die Villa in Galatz gekauft, im Mai, da rannten mir die Agenten der »Olympia« die Türen ein: ich sollte mich doch versichern.

Lange wehrte ich mich. Endlich mußte ich klein beigeben — wie folgt: die Tante gegen Unfall; die Villa gegen Hagel; die Möbel gegen Brand. Aber ich habe mit der »Olympia« im ganzen wenig angenehme Erfahrungen gemacht.

Was soll ich Ihnen sagen — am 13. Juni, einem
10 Freitag, schlägt der Blitz bei uns ein; schlägt die Tante tot, vernichtet einen Regenschirm, und das Klavier fing an zu brennen.

Gut, sagte ich mir — wo die Tante tot ist — ich selbst bin nicht musikalisch — laß es brennen! Unterdessen sah ich die Police durch, hinten die gedruckten Statuten, und fand da einen Paragraph 19: ich müßte den Schaden sofort anmelden.

Schaden anmelden kann ich doch erst, wenn ich weiß, wie weit die Sache mit dem Klavier gedeihen wird. — Es
20 erlosch von selbst, nachdem die rechte Hälfte, ungefähr bis fis, verzehrt war.

Am selben Tag noch, mit Windeseile, kam Dominul Ghizu, Generaldirektor der Olympia-Provinz, und fragte:

»Also! Was is los?«

Schon diese barsche Einleitung ließ nichts Gutes ahnen.

Ich führte ihn zum Klavier und wies stumm darauf. Stumm zeigte ich ihm auf dem Kanapee die Tante.
30 Er betrachtete sie und sprach mißbilligend:

»Na, die war auch nicht mehr die Jüngste. — Sonst noch etwas?«

kaum: kurz nachdem □ **Villa**: Haus

rannten die Türen ein: kamen jeden Tag □ **Agenten**: Angestellten □ **versichern**: eine Versicherung abschließen

wehrte: wollte nicht □ **endlich**: am Ende □ **klein beigeben**: nachgeben, es doch tun □ **wie folgt**: und zwar □ **Unfall**: Unglück □ **Hagel**: Eisregen, *grêle* □ **Brand**: Feuer

angenehme: positive □ **Erfahrungen gemacht**: Dinge erlebt

schlägt...ein: *la foudre tombe* □ **schlägt tot**: tötet

vernichtet: macht kaputt □ **Regenschirm**: der R. schützt vor dem Regen

wo: weil

musikalisch: habe gute Ohren, liebe Musik □ **unterdessen**: inzwischen □ **sah durch**: las □ **gedruckten**: ein Buch ist gedruckt □ **fand** < finden: sah, las

Schaden: Katastrophe □ **anmelden**: die "Olympia" informieren

erst: nur dann

wie weit: bis wohin □ **gedeihen**: gehen

erlosch < erlöschen: das Feuer war zu Ende, es erlosch □ **ungefähr**: etwa, circa □ **fis**: *fa dièse* □ **verzehrt**: verbrannt

Windeseile: großer Geschwindigkeit, sehr schnell

is: ist □ **was ist los**: was ist passiert, was gibt es

barsche: trockene □ **Einleitung**: Anfang

ahnen: vorhersehen

wies: zeigte □ **stumm**: ohne zu sprechen □ **darauf**: auf das Klavier

betrachtete: sah an □ **mißbilligend**: abwertend, böse, ironisch

na: *eh bien* □ **die Jüngste**: sehr jung □ **sonst**: außerdem

»Ja«, antwortete ich. »Was Sie jetzt vielleicht für einen eisernen Besen halten oder eine Vorrichtung zum Schaumschlagen, war heute morgen noch mein Regenschirm.«

»Der ganze Vorgang«, sagte der Direktor, »ist sehr verdächtig, um nicht zu sagen: kurios. Wie soll sich denn das abgespielt haben?«

»Oh, es ist rasend rasch gekommen, gegen drei. Wir sitzen gemütlich...«

10 »Am offenen Fenster?«

»Ja.«

»Am of—fe—nen Fen—ster«, wiederholte der Direktor und notierte sich's in sein Taschenbuch.

»Wir sitzen so — die Tante am Klavier — ich hier auf dem Stuhl — draußen wetterte es ein wenig. Tante spielt ganz sachte die »Eroica« und fragt mich so zwischendurch über die Schulter weg: »Ißt du eigentlich gern Gänsegrieben?« — Das waren ihre letzten Worte. Urplötzlich ein furchtbarer Donnerschlag — mir wird 20 blau vor den Augen — und als ich aufblicke, brennt das Klavier.«

»Mehr als kurios«, grollte der Direktor, schüttelte sein Haupt und sah mich flammend an. »Der Fall will vom Gericht untersucht sein.«

»Herr!« sprach ich. »Wieso? Meinen Sie, ich selbst habe die Tante angezündet?«

Ohne zu erwidern, trat er an das Klavier und schlug der Reihe nach die Tasten an.

»Die tiefen Töne gehn noch«, sagte er.

30 Ich darauf — nun aber schon gereizt:

»Na, Sie scheinen mir von Musik blutwenig zu verstehen. Die tiefen Töne bedeuten für sich allein gar

74

eisernen: aus Eisen (*fer*) □ **Besen:** *balai* □ **Vorrichtung:** Instrument □ **Schaumschlagen:** mit der Hand Schaum (*mousse*) machen

der...Vorgang: das alles

verdächtig: sonderbar □ **kurios:** ungewöhnlich

abgespielt haben: passiert sein

rasend rasch: sehr schnell □ **drei:** drei Uhr

gemütlich: in Ruhe

am: neben dem

wiederholte: sagte nochmals

notierte sich's: schrieb es sich auf □ **Taschenbuch:** Notizbuch

draußen ≠ drinnen □ **wetterte es:** gab es ein Gewitter mit Blitz und Donner □ **sachte:** leise, langsam □ **zwischendurch:** nebenbei □ **über...weg:** nach hinten □ **eigentlich:** denn

Gänsegrieben: *rillettes d'oie*

urplötzlich: ganz plötzlich, auf einmal □ **furchtbarer:** großer □ **mir...Augen:** ich sehe alles blau □ **aufblicke:** die Augen öffne

grollte: sagte böse □ **schüttelte:** deutete "nein" mit dem Kopf

Haupt: Kopf □ **flammend:** böse, wütend □ **Fall:** Problem

Gericht: *tribunal* □ **untersucht:** geprüft

wieso: warum □ **meinen:** denken, glauben

angezündet: Feuer gemacht

erwidern: antworten □ **trat** < treten: ging □ **schlug an:** spielte

der Reihe nach: eine nach der anderen □ **Tasten:** Töne (*touches*)

tiefen ≠ hohen □ **gehn:** gehen, funktionieren

darauf: antwortete □ **nun:** jetzt □ **gereizt:** irritiert

Sie...mir: ich glaube, daß Sie □ **blutwenig:** ganz wenig

verstehen: kennen □ **bedeuten:** sind

nichts, das ist doch nur die Begleitung. Wo soll denn die jauchzende Freude herkommen, die unsre Herzen beim Klang eines Liedes durchpulst — wenn die ganze rechte Hälfte des Klaviers, die fröhliche, kaputt ist?«

» Mein lieber Herr Roda, ich bin zwar kein Kapellmeister und kein Komponist — aber soviel weiß ich: wirklich ernste, getragene Musik wird hier links gemacht, mittels der tiefen Tasten. Der Blitz aber hat die Richtung nach rechts genommen — Ihre Tante hat
10 offenbar einen Gassenhauer lasziven Charakters gespielt. Am offenen Fenster, bitte. Bei Gewitter. Hatten *Sie* das Fenster geöffnet?«

» Nein. «

» Wer sonst? Das muß sich doch feststellen lassen. Und was mich stutzig macht, Herr Roda: der Schirm. Woher haben Sie ihn? Ein Schirm fällt doch nicht vom Himmel. Zeigen Sie mir die quittierte Rechnung, wenn Sie behaupten, ihn gekauft zu haben, wo man im Kaffeehaus so viel von geklauten Schirmen hört. Hat
20 übrigens die Tante unterm Regenschirm gespielt? — Das Fenster offenhalten — mein Herr, das lockt den Blitz an. Was meinen Sie, wie oft den Sommer über in Rumänien der Blitz einschlägt? Wenn unsre Gesellschaft jedesmal einen Schirm zu bezahlen hätte — wo käme die Gesellschaft hin? — Wie hoch bewerten Sie denn die Tante?«

» Die Police lautet auf 10.000 Goldfrank. «

» Hahaha! Die alte Dame — 10.000 Frank! Da muß ich wiehernd lachen. Sie hat doch nichts verdient, die
30 Tante, ist der Familie nur zur Last gefallen. Sie, Sie sollten uns was zahlen, Herr! Und die Dame — traurig, daß sie in ihrem Alter sich nicht schämt, aus Sensations-

Begleitung: Nebenstimme, *accompagnement*
jauchzende: fröhliche □ **unsre:** unsere □ **Herzen:** *cœurs*
durchpulst: durch...geht

zwar: sicher, sicherlich, es stimmt □ **Kapellmeister:** Dirigent
Komponist: der K. schreibt die Musik □ **soviel:** das
ernste: seriöse □ **getragene:** feierliche
mittels: mit Hilfe
Richtung: Weg
offenbar: sicher □ **Gassenhauer:** *rengaine* □ **Charakters:** Art
bei: während eines

sonst: anderer □ **feststellen:** finden
stutzig macht: erstaunt, wundert

quittierte: bezahlte und bestätigte
behaupten: sagen □ **wo:** weil
geklauten: gestohlenen □ **hört:** sprechen hört
übrigens: denn □ **unterm:** unter dem
offenhalten: geöffnet lassen □ **lockt an:** holt herbei, zieht an
den...über: den ganzen Sommer lang
einschlägt: kommt □ **Gesellschaft:** Firma
zu...hätte: bezahlen müßte □ **käme hin:** würde hinkommen,
was würde geschehen □ **bewerten:** schätzen, denken Sie daß die
Tante wert ist
die...auf: in der Police steht (geschrieben)

wiehernd: wie ein Pferd, sehr laut □ **nichts verdient:** kein Geld
bekommen □ **zur...gefallen:** hat Geld gekostet
was: etwas
sich...schämt: sich n. geniert □ **Sensationslust:** Freude an Sens.

lust im Gewitter unanständige Lieder zu spielen — noch dazu unterm offenen Regenschirm. — Nein, nein, mein Lieber, lesen Sie unsre Statuten, Paragraph 31a: »Die Gesellschaft ist berechtigt, den Verlust in natura gutzumachen, indem sie einen dem beschädigten Gegenstand gleichwertigen Ersatz beistellt.« Zufällig haben wir eben aus einem Brandfall in Bukarest eine Dame dieses Alters übrig — die können Sie haben. Wir lassen Ihnen das Klavier auf unsre Kosten neu lackieren und bespannen — Sie werden mir eine Bestätigung darüber geben, damit basta! Es kann nicht Pflicht einer Aktiengesellschaft sein, Ihnen einen Schirm aus dem Café zu klauen — das besorgen Sie gefälligst selbst.«

Dies meine Erfahrungen mit der Olympia-AG.

unanständige: vulgäre □ **noch dazu**: außerdem

ist berechtigt: darf, kann □ **Verlust**: Schaden □ **gutzumachen**: zu reparieren □ **beschädigten**: kaputten □ **Gegenstand**: Ding, Sache □ **gleichwertigen**: mit dem gleichen Wert, Preis □ **beistellt**: gibt □ **zufällig**: *par hasard* □ **Brandfall**: Feuer
übrig: es bleibt
auf...Kosten: wir bezahlen □ **lackieren**: *vernir* □ **bespannen**: neue Saiten (*cordes*) montieren □ **Bestätigung**: *attestation*
basta: Schluß □ **Pflicht**: Aufgabe □ **Aktiengesellschaft**: SARL
klauen: stehlen
besorgen: machen □ **gefälligst**: bitte sehr
dies: das sind □ **Erfahrungen**: Erlebnisse □ **AG**: Aktiengesellschaft

Grammaire au fil des nouvelles

Traduisez les phrases suivantes inspirées du texte (le premier chiffre renvoie à la page, les suivants aux lignes) :

Le treize juin, un vendredi, la foudre tomba (complément de temps, 72 - 9,10).

Le feu s'éteignit tout seul (72 - 20).

Que se passe-t-il (72 - 25) ?

Cette introduction ne présageait rien de bon (adjectif substantivé, 72 - 26,27).

Tout ce qui se passe est extrêmement curieux, pour ne pas dire bizarre (infinitive introduite par "pour", 74 - 5,6).

Sans répondre il s'approcha du piano (traduction de "sans" suivi d'un infinitif, 74 - 27).

On doit pouvoir constater cela (emploi du verbe *lassen* pour remplacer le passif, 76 - 14).

Montrez-moi la facture acquittée si vous affirmez avoir acheté ce parapluie (impératif ; traduction de "si" ; proposition infinitive, 76 - 17,18).

A combien estimez-vous les dégâts (76 - 25) ?

Voici mes expériences avec la société d'assurances (78 - 14).

DER FROMME* HASSAN

Alexander Roda Roda (1872-1945)

Es waren einmal zwei fromme Männer im Morgenland: Hassan und Ebul Fida, die beide auf wunderbare Weise Zahnschmerzen heilen konnten....

* Fromm: gottesfürchtig, *pieux*.

Zu Djiddah lebte ein Mann mit Namen Hassan, weit und breit berühmt ob seiner Frömmigkeit.

Er hatte sich zeitlebens mit den gelehrten Büchern abgegeben und darüber gar nicht bemerkt, daß ihn treulose Verwandte um Habe und Gold bestahlen. Ein Greis fast schon an Jahren, sah er sich plötzlich der Armut gegenüber.

Doch der alte Hassan verzagte nicht. Er wußte: hatten ihm auch die listigen Schurken sein Vermögen
10 abgejagt — er besaß ein Gut, das ihm niemand rauben konnte: den Ruhm seines gerechten Namens. Und von diesem Gut beschloß er fortan zu leben.

Er ging auf den Markt, breitete seinen Teppich aus und rief:

» Hört mich, ihr Leute, die ihr von Zahnschmerz geplagt seid! Ich, der fromme Hassan, will euch durch die Kraft meines Gebetes heilen. «

Bald strömten die Leidenden von allen Seiten zu.

Wenn aber einer kam und klagte, da segnete Hassan
20 ihn zuerst; dann umschritt er ihn dreimal, warf sich dreimal — mit dem Gesicht gen Mekka — auf den Teppich nieder; segnete ihn wiederum dreimal, umschritt ihn und warf sich siebenmal zur Erde; segnete ihn, hielt ihm die Hand auf die Stirn; endlich zog er eine mächtige Zange hervor, eine fürchterliche Zange.

Und fragte den Kranken:

» Tun dir deine Zähne noch weh? «

» Nein «, hauchte der Kranke regelmäßig — und das Volk ringsum staunte und murmelte Lobsprüche auf
30 Hassans Frömmigkeit.

Eines Tages drängte sich ein Mann mit arg geschwollener Backe durch die Menge der Gaffer.

zu: in □ **weit und breit:** überall in der Umgebung
berühmt: bekannt □ **ob:** wegen, für □ **Frömmigkeit:** Glaube an
Gott □ **zeitlebens:** sein Leben lang □ **gelehrten:** wissenschaftli-
chen □ **abgegeben:** beschäftigt □ **darüber:** während dieser Zeit
□ **bemerkt:** gesehen □ **treulose:** böse, falsche □ **Verwandte:**
Familie □ **Habe:** Reichtum, Besitz □ **Greis:** alter Mann
Armut ≠ Reichtum
verzagte: verzweifelte, war traurig, mutlos
hatten...: auch wenn... □ **listigen Schurken:** schlauen Betrüger
□ **Vermögen:** Geld □ **abgejagt:** gestohlen □ **besaß** < besitzen:
hatte □ **rauben:** stehlen □ **Ruhm:** *gloire* □ **gerechten:** guten,
ehrlichen □ **beschloß** < beschließen: wollte □ **fortan:** von nun
(jetzt) an □ **breitete aus:** legte

Zahnschmerz: Zahnweh, ein schlechter Zahn bereitet Zahnschmerzen □ **geplagt seid:** leidet, Schmerzen habt
Kraft: Stärke □ **Gebetes:** er bittet Gott in einem Gebet □
heilen: gesund machen □ **strömten zu:** kamen her □
Leidenden: Kranken □ **klagte:** jammerte, weinte, traurig sagte
□ **segnete:** *bénissait* □ **umschritt:** ging er um ihn herum □ **warf
nieder:** legte sich □ **gen:** gegen, in der Richtung von
wiederum: noch einmal
zur Erde: auf den Boden □ **hielt:** legte
Stirn: oberer Teil des Gesichts □ **endlich:** am Ende □ **zog
hervor** < hervorziehen: nahm □ **mächtige:** sehr große □
fürchterliche: schreckliche □ **Zange:** *pince*
tun dir weh: schmerzen dich
hauchte: sagte leise □ **regelmäßig:** immer
Volk: Leute □ **ringsum:** in der Nähe □ **staunte:** wunderte sich
□ **Lobsprüche:** *louanges*
eines Tages: einmal □ **drängte sich:** kam □ **arg:** stark, sehr □
geschwollener Backe: dicker Wange (*joue*) □ **Gaffer:** Leute

83

»Mach's kurz«, sagte der Fremdling, »ich habe schreckliche Schmerzen.«

Hassan erhob die Hände und wollte zu segnen beginnen. Doch der Fremde winkte ab.

»Mach's kurz, sag ich dir noch einmal, ich habe schreckliche Schmerzen.«

»Geduld, mein Lieber«, antwortete Hassan gütig. »Geduld, du sollst genesen.« — Und hob wieder die Hände.

10 Da wurde der andre aber räuberisch wild.

»Mach's kurz, Hassan, sag ich dir, und nimm die Zange! Denn wisse: ich bin der fromme Ebul Fida aus Jaffa und pflege die Zahnleidenden bei uns zu Hause ebenfalls durch Frömmigkeit zu heilen.«

mach's kurz: mache es schnell □ **Fremdling**: Unbekannte
schreckliche: starke
erhob: hielt in die Höhe
beginnen: anfangen □ **winkte ab**: machte ein negatives Zeichen

Geduld: warte noch! □ **gütig**: liebevoll
genesen: gesund werden

räuberisch: ganz schrecklich □ **wild**: wütend, böse

wisse: du mußt wissen
pflege: habe die Gewohnheit □ **Zahnleidenden**: Menschen, die
Zahnschmerzen haben □ **ebenfalls**: auch

Grammaire au fil des nouvelles

Traduisez les phrases suivantes inspirées du texte (le premier chiffre renvoie à la page, les suivants aux lignes) :

Il n'avait pas remarqué que la famille lui avait volé ses biens (régime du verbe *bestehlen*, 82 - 5).

Mais il ne perdait pas courage (82 - 8).

Il possédait un bien que personne ne pouvait lui prendre (proposition relative, 82 - 10).

Il alla au marché (complément de lieu, 82 - 13).

Moi, Hassan le pieux, je vais vous guérir par ma prière (apposition, 82 - 16,17) !

Est-ce que tes dents te font encore mal (82 - 27) ?

Un beau jour, un homme arriva, la joue fortement enflée (complément introduit par *mit* ; adjectif fort, 82 - 31,32).

Dépêche-toi, Hassan, je te le dis (84 - 11) !

Car il faut que tu saches... (subjonctif 1, 84 - 12).

DIE KÜCHENUHR

Wolfgang Borchert (1921-1947)

Wolfgang Borchert, 1921 in Hamburg geboren, war gelernter Buchhändler und arbeitete kurz vor dem 2. Weltkrieg auch als Schauspieler.

Als Gegner des Naziregimes kam er an die Ostfront, wurde verhaftet, zum Tode verurteilt und wieder an die Ostfront geschickt. 1945 kehrte er todkrank nach Hamburg zurück und begann über Krieg, Zerstörung und Tod zu schreiben. Sein bekanntestes Drama "Draußen vor der Tür" sowie der Großteil seiner Kurzgeschichten entstanden in diesen beiden Jahren vor seinem Tod. 1947 starb er in Basel, erst 26 Jahre alt, nach einem kurzen Aufenthalt in einem Schweizer Sanatorium.

Warum ist diese alte "Küchenuhr", die uns der junge Mann in der folgenden Erzählung zeigt, so wichtig für ihn?...

Sie sahen ihn schon von weitem auf sich zukommen, denn er fiel auf. Er hatte ein ganz altes Gesicht, aber wie er ging, daran sah man, daß er erst zwanzig war. Er setzte sich mit seinem alten Gesicht zu ihnen auf die Bank. Und dann zeigte er ihnen, was er in der Hand trug.

Das war unsere Küchenuhr, sagte er und sah sie alle der Reihe nach an, die auf der Bank in der Sonne saßen. Ja, ich habe sie noch gefunden. Sie ist übriggeblieben.

Er hielt eine runde tellerweiße Küchenuhr vor sich hin
10 und tupfte mit dem Finger die blaugemalten Zahlen ab.

Sie hat weiter keinen Wert, meinte er entschuldigend, das weiß ich auch. Und sie ist auch nicht so besonders schön. Sie ist nur wie ein Teller, so mit weißem Lack. Aber die blauen Zahlen sehen doch ganz hübsch aus, finde ich. Die Zeiger sind natürlich nur aus Blech. Und nun gehen sie auch nicht mehr. Nein. Innerlich ist sie kaputt, das steht fest. Aber sie sieht noch aus wie immer. Auch wenn sie jetzt nicht mehr geht.

Er machte mit der Fingerspitze einen vorsichtigen Kreis
20 auf dem Rand der Telleruhr entlang. Und er sagte leise:
Und sie ist übriggeblieben.

Die auf der Bank in der Sonne saßen, sahen ihn nicht an. Einer sah auf seine Schuhe, und die Frau sah in ihren Kinderwagen. Dann sagte jemand:

Sie haben wohl alles verloren?

Ja, ja, sagte er freudig, denken Sie, aber auch alles! Nur sie hier, sie ist übrig. Und er hob die Uhr wieder hoch, als ob die anderen sie noch nicht kannten.

Aber sie geht doch nicht mehr, sagte die Frau.

30 Nein, nein, das nicht. Kaputt ist sie, das weiß ich wohl. Aber sonst ist sie doch noch ganz wie immer: weiß und blau. Und wieder zeigte er ihnen seine Uhr. Und was das

von weitem: aus der Ferne □ **auf sich zukommen**: herkommen
fiel auf: war anders und wurde gesehen
daran sah man: man erkannte □ **zwanzig** (Jahre alt) war
die Bank, pl. Bänke
zeigte ihnen: ließ sie sehen □ **trug** < tragen

der Reihe nach: einen nach dem anderen □ **saßen** < sitzen
übriggeblieben: als einzige noch da, ganz allein
tellerweiße: weiß wie ein Teller □ **vor sich hin**: nur für sich
tupfte ab: tastete □ **blaugemalt**: mit blauer Farbe geschrieben
weiter: auch □ **keinen Wert**: kostet nur wenig □ **meinte**: sagte
besonders: sehr, außerordentlich
Lack: glänzende Farbe
sehen aus: sind □ **ganz hübsch**: ziemlich schön
Zeiger: die Z. zeigen, wie spät es ist □ **Blech**: dünnes Metall □
gehen: funktionieren □ **innerlich**: innen □ **das steht fest**: das ist
sicher

Fingerspitze: Ende des Fingers □ **vorsichtigen**: langsamen □
Kreis: ein "O" □ **auf dem Rand** ≠ in der Mitte □ **leise** ≠ laut

Schuhe: der Schuh

wohl: sicher □ **alles verloren**: nichts mehr
freudig: froh ≠ traurig □ **aber auch**: wirklich
sie: die Uhr □ **hob hoch**: zeigte

geht nicht mehr: steht
wohl: gut
sonst: alles andere

schönste ist, fuhr er aufgeregt fort, das habe ich Ihnen ja noch überhaupt nicht erzählt. Das Schönste kommt nämlich noch: Denken Sie mal, sie ist um halb drei stehengeblieben. Ausgerechnet um halb drei, denken Sie mal.

Dann wurde Ihr Haus sicher um halb drei getroffen, sagte der Mann und schob wichtig die Unterlippe vor. Das habe ich schon oft gehört. Wenn die Bombe runtergeht, bleiben die Uhren stehen. Das kommt von dem Druck.

10 Er sah seine Uhr an und schüttelte überlegen den Kopf. Nein, lieber Herr, nein, da irren Sie sich. Das hat mit den Bomben nichts zu tun. Sie müssen nicht immer von den Bomben reden. Nein. Um halb drei war ganz etwas anderes, das wissen Sie nur nicht. Das ist nämlich der Witz, daß sie gerade um halb drei stehengeblieben ist. Und nicht um Viertel nach vier oder um sieben. Um halb drei kam ich nämlich immer nach Hause. Nachts, meine ich. Fast immer um halb drei. Das ist ja gerade der Witz.

Er sah die anderen an, aber die hatten ihre Augen von
20 ihm weggenommen. Er fand sie nicht. Da nickte er seiner Uhr zu: Dann hatte ich natürlich Hunger, nicht wahr? Und ich ging immer gleich in die Küche. Da war es dann fast immer halb drei. Und dann, dann kam nämlich meine Mutter. Ich konnte noch so leise die Tür aufmachen, sie hat mich immer gehört. Und wenn ich in der dunklen Küche etwas zu essen suchte, ging plötzlich das Licht an. Dann stand sie da in ihrer Wolljacke und mit einem roten Schal um. Und barfuß. Immer barfuß. Und dabei war unsere Küche gekachelt. Und sie machte ihre Augen ganz klein,
30 weil ihr das Licht so hell war. Denn sie hatte ja schon geschlafen. Es war ja Nacht.

90

fuhr fort: sagte weiter □ **aufgeregt** ≠ ruhig □ **ja**: doch
überhaupt nicht: gar nicht
nämlich: denn □ **mal**: einmal □ **halb drei**: *2 h 30*
ausgerechnet: gerade, genau

wurde getroffen: eine Bombe fiel auf das Haus
schob vor: zeigte □ **Unterlippe**: unterer Teil des Mundes
oft ≠ selten □ **runtergeht**: fällt
Druck: *souffle*
schüttelte: deutete "nein" mit dem Kopf □ **überlegen**: besser
wissend □ **irren Sie sich**: Sie denken etwas Falsches □ **hat nichts
mit...zu tun**: kommt nicht von...
reden: sprechen □ **etwas anderes** ≠ das gleiche
Witz: Das Interessanteste
gerade: genau
Viertel nach vier: *4 h 15*
nachts: in der Nacht □ **meine ich**: will ich sagen □ **fast immer**:
meistens
hatten...weggenommen: sahen ihn nicht mehr an
fand < finden □ **nickte zu**: machte ein Zeichen mit dem Kopf
hatte Hunger: war hungrig □ **nicht wahr?**: oder?
gleich: sofort

ich konnte noch so: auch wenn ich sehr □ **leise** ≠ laut
dunklen: finsteren ≠ hellen
suchte ≠ fand □ **ging an**: war □ **plötzlich**: in der Sekunde
stand da < dastehen □ **Wolljacke**: Pullover mit Knöpfen □ **Schal**:
Halstuch □ **um**: um den Hals □ **barfuß**: ohne Schuhe □ **dabei**:
noch dazu □ **gekachelt**: *carrelée*
ihr: für sie □ **ja**: weil, eigentlich
es ... Nacht: es ist Nacht, es ist Tag

So spät wieder, sagte sie dann. Mehr sagte sie nie. Nur:
So spät wieder. Und dann machte sie mir das Abendbrot
warm und sah zu, wie ich aß. Dabei scheuerte sie immer die
Füße aneinander, weil die Kacheln so kalt waren. Schuhe
zog sie nachts nie an. Und sie saß so lange bei mir, bis ich
satt war. Und dann hörte ich sie noch die Teller wegsetzen,
wenn ich in meinem Zimmer schon das Licht ausgemacht
hatte. Jede Nacht war es so. Und meistens immer um halb
drei. Das war ganz selbstverständlich, fand ich, daß sie mir
10 nachts um halb drei in der Küche das Essen machte. Ich
fand das ganz selbstverständlich. Sie tat das ja immer. Und
sie hat nie mehr gesagt als: So spät wieder. Aber das sagte
sie jedesmal. Und ich dachte, das könnte nie aufhören. Es
war mir so selbstverständlich. Das alles. Es war doch immer
so gewesen.

Einen Atemzug lang war es ganz still auf der Bank. Dann
sagte er leise: Und jetzt? Er sah die anderen an. Aber er
fand sie nicht. Da sagte er der Uhr leise ins weißblaue runde
Gesicht: Jetzt, jetzt weiß ich, daß es das Paradies war. Das
20 richtige Paradies.

Auf der Bank war es ganz still. Dann fragte die Frau:
Und Ihre Familie?

Er lächelte sie verlegen an: Ach, Sie meinen meine
Eltern? Ja, die sind auch mit weg. Alles ist weg. Alles,
stellen Sie sich vor. Alles weg.

Et lächelte verlegen von einem zum anderen. Aber sie
sahen ihn nicht an.

Da hob er wieder die Uhr hoch, und er lachte. Er lachte:
Nur sie hier. Sie ist übrig. Und das schönste ist ja, daß sie
30 ausgerechnet um halb drei stehengeblieben ist. Ausgerechnet um halb drei.

spät ≠ früh

machte warm: wärmte □ **Abendbrot**: Abendessen

sah zu: schaute, was ich machte □ **scheuerte aneinander**: bewegte (rieb) einen Fuß gegen den anderen □ **Kacheln**: *carrelage* □ **zog an** < anziehen

satt ≠ hungrig □ **wegsetzen**: wegräumen, wegstellen

ausgemacht: ausgeschaltet

selbstverständlich: natürlich □ **fand**: dachte

tat < tun: machte □ **ja**: denn

nie ≠ immer

aufhören: zu Ende gehen

mir: für mich

einen Atemzug lang: einen Moment □ **still**: ruhig

richtige: wirkliche, echte ≠ falsche

lächelte an: lachte leise und freundlich □ **verlegen**: geniert, unsicher □ **sind mit weg**: sind auch tot

stellen Sie sich vor: denken Sie

hoch: in die Höhe

Dann sagte er nichts mehr. Aber er hatte ein ganz altes Gesicht. Und der Mann, der neben ihm saß, sah auf seine Schuhe. Aber er sah seine Schuhe nicht. Er dachte immerzu an das Wort Paradies.

nichts ≠ alles

immerzu: immer, ständig, ohne Ende

Grammaire au fil des nouvelles

Traduisez les phrases suivantes inspirées du texte (le premier chiffre renvoie à la page, les suivants aux lignes) :

Il n'avait que cinq ans (*nur* ou *erst*, 88 - 3).

Ma pendule n'est pas particulièrement belle (attribut du sujet, 88 - 12).

Ils étaient assis sur le banc au soleil ; il s'assit à côté d'eux (emploi de *setzen* et *sitzen*, 88 - 22 ; 88 - 4).

Ma montre ne marche plus, elle s'est arrêtée à trois heures (traduction des verbes ; complément de temps, 88 - 29 ; 90 - 3).

Non, cher Monsieur, vous vous trompez ; cela n'a rien à voir (apostrophe ; expression idiomatique, 90 - 11,12).

L'homme regarda ses chaussures, mais il ne les voyait pas (*sehen auf*, 94 - 1,3).

Puis elle me prépara le dîner et regarda comment je mangeais (*zusehen*, 92 - 2,3).

Le jeune homme les regarde tous, les uns après les autres (*ansehen* + acc. ; traduction idiomatique, 88 - 6,7).

Et c'est la meilleure : elle s'était justement arrêtée à 2 h 30 (92 - 29,30).

Il continuait à penser au mot "paradis" (= "pensait toujours", 94 - 2,3).

DIE TRAURIGEN GERANIEN*

Wolfgang Borchert (1921-1945)

Diese Geschichte von Wolfgang Borchert ist dem gleichnamigen Sammelband entnommen und beginnt eigentlich gar nicht mit Geranien, sondern mit der Beschreibung einer großen, häßlichen Nase...

* Geranien : eine Blumensorte, *géranium*.

Als sie sich kennenlernten, war es dunkel gewesen. Dann hatte sie ihn eingeladen und nun war er da. Sie hatte ihm ihre Wohnung gezeigt und die Tischtücher und die Bettbezüge und auch die Teller und Gabeln, die sie hatte. Aber als sie sich dann zum erstenmal bei hellem Tageslicht gegenübersaßen, da sah er ihre Nase.

Die Nase sieht aus, als ob sie angenäht ist, dachte er. Und sie sieht überhaupt nicht wie andere Nasen aus. Mehr wie eine Gartenfrucht. Um Himmels willen! dachte er, und
10 diese Nasenlöcher! Die sind ja vollkommen unsymmetrisch angeordnet. Die sind ja ohne jede Harmonie zueinander. Das eine ist eng und oval. Aber das andere gähnt geradezu wie ein Abgrund. Dunkel und rund und unergründlich. Er griff nach seinem Taschentuch und tupfte sich die Stirn.

Es ist so warm, nicht wahr? begann sie.

O ja, sagte er und sah auf ihre Nase. Sie muß angenäht sein, dachte er wieder. Sie kommt sich so fremd vor im Gesicht. Und sie hat eine ganz andere Tönung als die übrige Haut. Viel intensiver. Und die Nasenlöcher sind wirklich
20 ohne Harmonie. Oder von einer ganz neuartigen Harmonie, fiel ihm ein, wie bei Picasso.

Ja, fing er wieder an, meinen Sie nicht auch, daß Picasso auf dem richtigen Wege ist?

Wer denn? fragte sie, Pi — ca —?

Na, denn nicht, seufzte er und sagte dann plötzlich ohne Übergang: Sie haben wohl mal einen Unfall gehabt?

Wieso? fragte sie.

Na ja, meinte er hilflos.

Ach, wegen der Nase?
30 Ja, wegen ihr.

Nein, sie war gleich so. Sie sagte das ganz geduldig: Sie war gleich so.

dunkel: finster

hatte eingeladen: er sollte kommen □ **nun**: jetzt

Tischtücher: großer Stoff, den man auf den Tisch legt

Bettbezüge: Bettücher (über der Matratze)

hellem ≠ dunklem

gegenübersaßen: vis-à-vis waren

sieht aus: ist wie □ **angenäht**: Mit Nadel und Zwirn näht man einen Knopf an □ **überhaupt nicht**: gar nicht

Gartenfrucht: z. B. Apfel, Tomate... □ **um Himmels willen**: mein Gott! □ **Nasenlöcher**: 2 Öffnungen an der Nase □ **vollkommen**: total □ **angeordnet**: plaziert □ **ja**: denn □ **zueinander**: das eine zum anderen □ **eng** ≠ weit □ **gähnt**: öffnet sich □ **geradezu**: genau □ **Abgrund**: *abîme* □ **unergründlich**: ohne Ende □ **griff** < greifen: nehmen □ **tupfte**: wischte ab □ **Stirn**: oberster Teil des Gesichts □ **nicht wahr?**: meinen Sie nicht?

o ja: doch

kommt sich vor: scheint □ **fremd**: falsch

Tönung: Farbe, Nuance □ **übrige**: der Rest

Haut: ein Neger hat eine braune Haut

neuartig: modern

fiel ihm ein: kam ihm der Gedanke, hatte er die Idee

fing an: begann, sagte □ **meinen**: denken

richtigen ≠ falschen

seufzte: sagte traurig □ **plötzlich**: auf einmal, in der Sekunde

Übergang: Grund, Zusammenhang □ **wohl**: sicher □ **Unfall**: Unglück □ **wieso**: warum?, was meinen Sie?

na ja: *eh bien* □ **meinte**: sagte □ **hilflos**: unsicher

wegen: für

wegen ihr: ihretwegen

gleich: sofort □ **geduldig**: ruhig

Donnerwetter! hätte er da fast gesagt. Aber er sagte nur:
Ach, wirklich?

Und dabei bin ich ein ausgesprochen harmonischer
Mensch, flüsterte sie. Und wie ich gerade die Symmetrie
liebe! Sehen Sie nur meine beiden Geranien am Fenster.
Links steht eine und rechts steht eine. Ganz symmetrisch.
Nein, glauben Sie mir, innerlich bin ich ganz anders. Ganz
anders.

Hierbei legte sie ihm die Hand auf das Knie, und er fühlte
ihre entsetzlich innigen Augen bis an den Hinterkopf
glühen.

Ich bin doch auch durchaus für die Ehe, für das
Zusammenleben, meinte sie leise und etwas verschämt.

Wegen der Symmetrie? entfuhr es ihm.

Harmonie, verbesserte sie ihn gütig, wegen der Harmonie.

Natürlich, sagte er, wegen der Harmonie.

Er stand auf.

Oh, Sie gehen?

Ja, ich — ja.

Sie brachte ihn zur Tür.

Innerlich bin ich eben doch sehr viel anders, fing sie noch
— mal wieder an.

Ach was, dachte er, deine Nase ist eine Zumutung. Eine
angenähte Zumutung. Und er sagte laut: Innerlich sind Sie
wie die Geranien, wollen Sie sagen. Ganz symmetrisch,
nicht wahr?

Dann ging er die Treppe hinunter, ohne sich umzusehen.

Sie stand am Fenster und sah ihm nach.

Da sah sie, wie er unten stehenblieb und sich mit dem
Taschentuch die Stirn abtupfte. Einmal, zweimal. Und dann

Donnerwetter: mein Gott! □ **fast**: beinahe

dabei: in Wirklichkeit □ **ausgesprochen**: richtig, total
flüsterte: sagte leise □ **gerade**: genau
nur: doch □ **beiden**: zwei

innerlich: in meinem Herzen ≠ äußerlich
anders: verschieden
hierbei: gleichzeitig □ **Knie**: Gelenk in der Mitte des Beines
entsetzlich: schrecklich, sehr □ **innigen**: guten □ **Hinterkopf**:
hinterer Teil des Kopfes □ **glühen**: brennen
durchaus: ganz und gar, total □ **Ehe**: Heirat, Hochzeit
Zusammenleben: Leben mit einem Mann □ **leise** ≠ laut □
verschämt: schüchtern, geniert □ **entfuhr**: sagte schnell, ohne es zu
wollen □ **verbesserte**: korrigierte □ **gütig**: nett

stand auf < aufstehen: erhob sich
gehen: gehen fort, gehen weg

brachte < bringen: begleitete
eben: also □ **fing an**: sagte

ach was: das interessiert mich nicht □ **Zumutung**: das ist nicht
möglich, das geht doch nicht □ **laut**: stark

Treppe: Stiege, Stufen □ **hinunter**: auf die Straße □ **umzusehen**:
nach hinten zu sehen
stand < stehen: sein □ **sah ihm nach**: blickte hinter ihm her
da: jetzt □ **unten** ≠ oben □ **stehenblieb**: hielt
abtupfte: abwischte

noch einmal. Aber sie sah nicht, daß er dabei erleichtert grinste. Das sah sie nicht, weil ihre Augen unter Wasser standen. Und die Geranien, die waren genauso traurig. Jedenfalls rochen sie so.

dabei: zur gleichen Zeit ☐ **erleichtert**: froh, beruhigt
grinste: böse lächelte ☐ **unter Wasser standen**: sie weinte, hatte
Tränen in den Augen ☐ **genauso**: ganz gleich ☐ **traurig** ≠ lustig
jedenfalls: auf jeden Fall, sicher aber ☐ **rochen** < riechen **so**: hatten
so ein Parfum

Grammaire au fil des nouvelles

Traduisez les phrases suivantes inspirées du texte (le premier chiffre renvoie à la page, les suivants aux lignes) :

Quand ils se sont connus, il faisait nuit (*kennen* ≠ *kennenlernen*, 98 - 1).

Les nappes, les draps et les mouchoirs étaient dans l'armoire (*...tücher*, 98 - 3,14).

Son nez ressemble à un légume (98 - 7,8,9).

Il fait chaud, n'est-ce pas ? (traduction idiomatique, 98 - 15).

Le nez est certainement cousu dessus (emploi de *müssen*, 98 - 16).

Il a failli prononcer ce mot (emploi de *fast* et du conditionnel, 100 - 1).

Alors que je suis quelqu'un de très équilibré (attribut du sujet ; emploi de *Mensch*, 100 - 3).

Vous partez déjà ? (forme de politesse ; le verbe *gehen*, 100 - 19).

Il descendit l'escalier sans se retourner (particule verbale composée ; infinitive avec *zu*, 100 - 28,29).

Elle se tenait à sa fenêtre (emploi du verbe *stehen* ; complément de lieu, 100 - 30).

DER RIESE* AGOAG

Robert Musil (1880-1942)

Im Jahre 1880 kam Robert Musil in Klagenfurt zur Welt. Er wollte Offizier werden, verließ aber bald die Militärschule und studierte Maschinenbau, Mathematik und Physik. Dann aber begann er sich für Philosophie und Psychologie zu interessieren und beschloß, freier Schriftsteller zu werden.

Musil lebte vor allem in Berlin und Wien, emigrierte aber 1938 über Zürich nach Genf, wo er 1942, fast mittellos, starb.

Seine bekanntesten Werke "Die Verwirrungen des Zöglings Törleß", "Drei Frauen" und vor allem der unvollendet gebliebene Roman "Der Mann ohne Eigenschaften" begründeten später seinen Weltruhm.

Der Riese AGOAG ist ein Riese ganz besonderer Art, der viel stärker als alle Sportler oder Athleten der Welt ist...

* Riese ≠ Zwerg; sehr großer Mensch, *géant*.

Wenn der Held dieser kleinen Erzählung — und wahrhaftig, er war einer! — die Ärmel aufstreifte, kamen zwei Arme zum Vorschein, die so dünn waren wie der Ton einer Spieluhr. Und die Frauen lobten freundlich seine Intelligenz, aber sie » gingen « mit anderen, von denen sie nicht so gleichmäßig freundlich sprachen. Nur eine einzige ansehnliche Schöne hatte ihn einmal, und zu aller Überraschung, tieferer Teilnahme gewürdigt; aber sie liebte es, ihn mit zärtlichen Augen anzuschaun und dabei die
10 Achseln zu zucken. Und nachdem sich das kurze Schwanken in der Wahl von Koseworten gelegt hatte, das gewöhnlich zu Beginn einer Liebe statthat, nannte sie ihn: » Mein Eichhörnchen! «

Darum las er in den Zeitungen nur den Sportteil, im Sportteil am eifrigsten die Boxnachrichten und von den Boxnachrichten am liebsten die über Schwergewichte.

Sein Leben war nicht glücklich; aber er ließ nicht ab, den Aufstieg zur Kraft zu suchen. Und weil er nicht genug Geld hatte, in einen Kraftverein einzutreten, und weil Sport
20 ohnedies nach neuer Auffassung nicht mehr das verächtliche Talent eines Leibes, sondern ein Triumph der Moral und des Geistes ist, suchte er diesen Aufstieg allein. Es gab keinen freien Nachmittag, den er nicht dazu benutzte, auf den Zehenspitzen spazierenzugehen. Wenn er sich in einem Zimmer unbeobachtet wußte, griff er mit der rechten Hand hinter den Schultern vorbei nach den Dingen, die links von ihm lagen, oder umgekehrt. Das An- und Auskleiden beschäftigte seinen Geist als die Aufgabe, es auf die weitaus anstrengendste Weise zu tun. Und weil der menschliche
30 Körper zu jedem Muskel einen Gegenmuskel hat, so daß der eine streckt, wenn der andere beugt, oder beugt, wenn jener streckt, gelang es ihm, sich bei jeder Bewegung die

Held: wichtigste Person □ **Erzählung**: Geschichte

wahrhaftig: wirklich □ **Ärmel aufstreifte**: Arme freimachte

Arme: der Mensch hat 2 A. und 2 Beine □ **kamen...Vorschein**: waren zu sehen □ **Spieluhr**: *boîte à musique* □ **lobten**: sprachen positiv

gleichmäßig: regelmäßig

ansehnliche: sehr

Überraschung: Erstaunen □ **Teilnahme**: Interesse □ **gewürdigt**: gehabt □ **zärtlichen**: liebevollen □ **anzuschaun**: anzusehen □ **dabei**: zugleich □ **Achseln...zucken**: Schultern zu heben □ **Schwanken**: Unsicherheit □ **Wahl**: Suchen □ **Koseworten**: Worte der Liebe □ **gelegt**: aufgehört □ **gewöhnlich**: normalerweise □ **statthat**: existiert □ **Eichhörnchen**: *écureuil*

darum: deshalb □ **Sportteil**: Sportbericht

eifrigsten: meisten

Schwergewichte: *poids lourds*

ließ...ab: hörte nicht auf

Aufstieg: Entwicklung, *ascension* □ **Kraft**: Stärke

Kraftverein: Sportclub □ **einzutreten**: zu gehen, Mitglied zu werden □ **ohnedies**: ja doch □ **Auffassung**: Idee, Meinung, Hypothese □ **verächtliche**: ohne Wert □ **Leibes**: Körpers □ **sondern**: aber □ **Geistes**: Intelligenz

benutzte: benützte, verwendete

Zehenspitzen: der Fuß hat 5 Zehen

unbeobachtet: daß ihn niemand sieht □ **griff** < greifen: bewegte, streckte □ **hinter vorbei**: weiter als □ **Dingen**: Sachen

lagen < liegen: waren □ **umgekehrt**: das Gegenteil □ **An-...Auskleiden**: Kleider anziehen oder ausziehen □ **Aufgabe**: Tätigkeit □ **weitaus**: am meisten □ **anstrengendste**: schwierigste □ **Weise**: Art

streckt: in die Länge zieht □ **beugt** ≠ streckt

jener: der andere □ **gelang es ihm**: konnte er □ **Bewegung**: Geste

unsagbarsten Schwierigkeiten zu schaffen. Man kann wohl behaupten, daß er an guten Tagen aus zwei völlig fremden Menschen bestand, die einander unaufhörlich bekämpften. Wenn er aber nach solchem aufs beste ausgenutzten Tag ans Einschlafen ging, so spreizte er alle Muskeln, deren er überhaupt habhaft werden konnte, noch einmal gleichzeitig auseinander; und dann lag er in seinen eigenen Muskeln wie ein Stückchen fremdes Fleisch in den Fängen eines Raubvogels, bis ihn Müdigkeit überkam, der Griff sich löste
10 und ihn senkrecht in den Schlaf fallen ließ. Es durfte nicht ausbleiben, daß er bei dieser Lebensweise unüberwindlich stark werde. Aber ehe das geschah, bekam er Streit auf der Straße und wurde von einem dicken Schwamm von Menschen verprügelt.

Bei diesem schimpflichen Kampf nahm seine Seele Schaden, er wurde niemals ganz so wie früher, und es war lange fraglich, ob er ein Leben ohne alle Hoffnung werde ertragen können. Da rettete ihn ein großer Omnibus. Er wurde zufällig Zeuge, wie ein riesenhafter Omnibus einen
20 athletisch gebauten jungen Mann überfuhr, und dieser Unfall, so tragisch für das Opfer, gestaltete sich für ihn zum Ausgangspunkt eines neuen Lebens. Der Athlet wurde sozusagen vom Dasein abgeschält wie ein Span oder eine Apfelschale, wogegen der Omnibus bloß peinlich berührt zur Seite wich, stehenblieb und aus vielen Augen zurückglotzte. Es war ein trauriger Anblick, aber unser Mann nahm rasch seine Chance wahr und kletterte in den Sieger hinein.

Das war nun so, und von Stund an blieb es auch so: Für
30 fünfzehn Pfennige durfte er, wann immer er wollte, in den Leib eines Riesen kriechen, vor dem alle Sportsleute zur Seite springen mußten. Der Riese hieß Agoag. Das

unsagbarsten: größten □ **schaffen**: machen, bereiten □ **wohl**: gut
behaupten: sagen □ **völlig**: ganz, gänzlich
bestand < bestehen: war □ **unaufhörlich**: ohne Ende □
bekämpften: rivalisierten □ **solchem**: so einem □ **aufs**: auf das □
ausgenutzten: verwendeten □ **ging**: wollte □ **spreizte auseinander**:
streckte □ **habhaft werden**: finden □ **gleichzeitig**: zusammen,
simultan □ **seinen eigenen**: die ihm gehören
Fängen: Krallen, *serres*
Raubvogels: *rapace* □ **Müdigkeit überkam**: müde wurde □ **Griff**...
löste: die Muskeln entspannten, lockerten □ **senkrecht**: vertikal
ausbleiben: fehlen □ **Lebensweise**: Lebensrythmus □ **unüberwind-**
lich: sehr, äußerst □ **stark** ≠ schwach □ **ehe**: bevor □ **Streit**:
querelle □ **dicken Schwamm**: großer Menge, vielen Leuten
verprügelt: sehr geschlagen
schimpflichen: häßlichen ≠ ehrenvollen □ **nahm**: bekam □ **Seele**:
Herz, Psyche □ **Schaden**: *dommage* □ **niemals**: nie wieder
fraglich: unsicher □ **Hoffnung**: Glauben, *espoir*
ertragen: aushalten, leben □ **rettete**: half □ **Omnibus**: Autobus
wurde Zeuge: sah selbst □ **zufällig**: *par hasard* □ **riesenhafter**: sehr
großer □ **athletisch gebauten**: sehr starken □ **überfuhr**: über ihn
fuhr □ **Unfall**: Unglück □ **Opfer**: jungen Mann □ **gestaltete sich**:
wurde □ **Ausgangspunkt**: Beginn, Anfang
sozusagen: man kann sagen □ **Dasein**: Leben □ **abgeschält...Span**:
entfernt, weggenommen □ **wogegen**: im Gegensatz dazu □ **bloß**:
nur □ **peinlich berührt**: geniert, verlegen □ **wich** < weichen: fuhr
□ **zurückglotzte**: hinsah, hinblickte □ **trauriger** ≠ fröhlicher □
Anblick: Ansicht □ **nahm wahr**: profitierte □ **rasch**: schnell □
kletterte: stieg □ **Sieger**: Gewinner
nun: jetzt □ **von...an**: ab jetzt, von nun an
wann immer: immer wenn
kriechen: steigen □ **Sportsleute**: Sportler

bedeutete vielleicht Allgemeingeschätzte-Omnibus-Athleten-Gesellschaft; denn wer heute noch Märchen erleben will, darf mit der Klugheit nicht ängstlich umgehn. Unser Held saß also auf dem Verdeck und war so groß, daß er alles Gefühl für die Zwerge verlor, die auf der Straße wimmelten. Unvorstellbar wurde, was sie miteinander zu besprechen hatten. Er freute sich, wenn sie aufgeschreckt hopsten. Er schoß, wenn sie die Fahrbahn überquerten, auf sie los wie ein großer Köter auf Spatzen. Er sah auf die

10 Dächer der schmucken Privatwagen, die ihn früher immer durch ihre Vornehmheit eingeschüchtert hatten, jetzt, im Bewußtsein der eigenen Zerstörungskraft, ungefähr so herab, wie ein Mensch, mit einem Messer in der Hand, auf die lieben Hühner in einem Geflügelhof blickt. Es brauchte aber durchaus nicht viel Einbildung dazu, sondern bloß logisches Denken. Denn wenn es richtig ist, was man sagt, daß Kleider Leute machen, weshalb sollte das nicht auch ein Omnibus können? Man hat seine ungeheuerliche Kraft an oder um, wie ein anderer einen Panzer anlegt oder ein

20 Gewehr umhängt; und wenn sich die ritterliche Helden-schaft mit einem schützenden Panzer vereinen läßt, weshalb dann nicht auch mit einem Omnibus? Und gar die großen Kraftnaturen der Weltgeschichte: war denn ihr schwacher, von den Bequemlichkeiten der Macht verwöhnter Leib das Furchtbare an ihnen, oder waren sie unüberwindlich durch den Apparat der Macht, mit dem sie ihn zu umgeben wußten? Und was ist es, dachte unser Mann, in seinem neuen Gedankenkreis thronend, mit allen den Edelleuten des Sports, welche die Könige des Boxens, Laufens und

30 Schwimmens als Höflinge umgeben, vom Manager und Trainer bis zum Mann, der die blutigen Eimer wegträgt oder den Bademantel um die Schultern legt; verdanken diese

bedeutete: hieß □ **allgemeingeschätzte:** von allen respektierte
Gesellschaft: Firma, Unternehmen □ **Märchen:** Kindergeschichten □ **erleben:** leben, finden □ **Klugheit:** Intelligenz □ **umgehn:**
sein □ **Verdeck:** Plattform
Gefühl: Sensation □ **Zwerge** ≠ Riesen
wimmelten: herumliefen □ **unvorstellbar:** nicht zu verstehen □
miteinander: zusammen □ **aufgeschreckt:** ängstlich
hopsten: hüpften, sprangen □ **schoß los:** sprang los □ **Fahrbahn**
überquerten: über die Straße gingen □ **Köter:** Hund □ **Spatzen:**
kleine Vögel □ **schmucken:** hübschen, schönen
Vornehmheit ≠ Vulgarität □ **eingeschüchtert:** Angst gemacht
Bewußtsein: Wissen, Sicherheit □ **Zerstörungskraft:** destruktive
Kraft
Hühner: *poulets* □ **Geflügelhof:** Hühner leben im G. □ **blickt:** sieht
durchaus: absolut □ **Einbildung:** Phantasie

Kleider machen Leute: *l'habit fait (!) le moine* □ **weshalb:** warum
ungeheuerliche: immense, riesige
Panzer: *cuirasse* □ **anlegt:** anzieht
Gewehr: Flinte, *fusil* □ **umhängt:** über die Schulter nimmt □
ritterliche Heldenschaft: alle mutigen Helden □ **vereinen:**
verbinden □ **gar:** auch, sogar
Kraftnaturen: starken Persönlichkeiten □ **schwacher** ≠ starker
Bequemlichkeiten: Komfort □ **Macht:** ein König hat die M. □
verwöhnter: schwach gemachter □ **Furchtbare:** Schreckliche □
unüberwindlich: die stärksten □ **umgeben:** schützen, herumlegen

Gedankenkreis: Gruppe von Ideen □ **thronend:** installiert □
Edelleuten: bekannten Personen
Höflinge: Diener
Trainer: *entraîneur* □ **blutigen:** voll Blut (*sang*) □ **Eimer:** großes
Gefäß, *seau* □ **Schultern:** Rücken □ **verdanken:** schulden

111

zeitgenössischen Nachfolger der alten Truchsessen und Mundschenken ihre persönliche Würde ihrer eigenen oder den Strahlen einer fremden Kraft? Man sieht, er hatte sich durch einen Unfall vergeistigt.

Er benutzte nun jede freie Stunde nicht mehr zum Sport, sondern zum Omnibusfahren. Sein Traum war ein umfassendes Streckenabonnement. Und wenn er es erreicht hat, und nicht gestorben, erdrückt, überfahren worden, abgestürzt oder in einem Irrenhaus ist, so fährt er damit noch
10 heute. Allerdings, einmal ging er zu weit und nahm auf seine Fahrten eine Freundin mit, in der Erwartung, daß sie geistige Männerschönheit zu würdigen wisse. Und da war in dem Riesenleib ein winziger Parasit mit dicken Schnurrbartspitzen, der lächelte die Freundin einigemal frech an, und sie lächelte kaum merklich zurück; ja, als er ausstieg, streifte er sogar versehentlich an sie und schien ihr dabei etwas zuzuflüstern, während er sich vor allen ritterlich entschuldigte. Unser Held kochte vor Wut; er hätte sich gerne auf den Nebenbuhler gestürzt, aber so klein dieser
20 neben dem Riesen Agoag ausgesehen hätte, so groß und breit erschien er darin. Da blieb unser Held sitzen und überhäufte nur später seine Freundin mit Vorwürfen. Aber, siehe, obgleich er sie in seine Anschauungen eingeweiht hatte, erwiderte sie nicht: Ich mache mir nichts aus starken Männern, ich bewundere Kraftomnibusse! sondern sie leugnete einfach.

Seit diesem geistigen Verrat, der auf die geringere Verstandeskühnheit der Frau zurückzuführen ist, schränkte unser Held seine Fahrten etwas ein, und wenn er sie antrat,
30 so geschah es ohne weibliche Begleitung. Ihm ahnte ein wenig von der männlichen Schicksalswahrheit, die in dem Ausspruch liegt: Der Starke ist am mächtigsten allein!

zeitgenössischen: heute lebenden □ **Nachfolger**: die nächsten □
Truchsessen: *écuyers* □ **Mundschenken**: *échansons* □ **Würde**:
Respekt □ **Strahlen**: die S. der Sonne, des Lichts □ **fremden**:
anderen □ **vergeistigt**: ist weniger materialistisch geworden
benutzte: gebrauchte
Traum: große Idee □ **umfassendes**: komplettes
Streckenabonnement: Karte für alle Omnibusse □ **erreicht**:
bekommen □ **erdrückt**: *écrasé* □ **abgestürzt**: hinuntergefallen
Irrenhaus: Heim für Nervenkranke
allerdings: jedoch, aber
Erwartung: Hoffnung
würdigen: respektieren □ **wisse** < wissen: könne
winziger: sehr kleiner ≠ riesiger
Schnurrbart...: Bart über der Oberlippe (dem Mund) □ **einigemal**:
ein paarmal □ **frech**: kühn, *insolent* □ **kaum merklich**: fast nicht
sichtbar □ **streifte**: berührte □ **versehentlich**: ohne es zu wollen
dabei: zugleich □ **zuzuflüstern**: leise zu sagen □ **ritterlich**: höflich
kochte...Wut: war sehr böse, ärgerlich
Nebenbuhler: Konkurrenten □ **gestürzt**: gesprungen

breit ≠ schmal □ **erschien**: sah er aus □ **darin**: im Omnibus
überhäufte: machte viele □ **Vorwürfen**: Kritiken, *reproches*
siehe: *tiens* □ **obgleich**: obwohl □ **Anschauungen**: Philosophie □
eingeweiht: erklärt □ **erwiderte**: antwortete □ **mache...aus**: es
interessiert mich nicht □ **bewundere**: finde phantastisch
leugnete: stritt ab, sagte, es sei nicht wahr, es stimme nicht
Verrat: Judas hat einen V. begangen, *trahison* □ **geringere**: kleinere
Verstandeskühnheit: Intelligenz, verbunden mit Mut □ **schränkte
ein**: verminderte, machte weniger □ **antrat** < antreten: begann
geschah: war □ **weibliche Begleitung**: Freundin, Frau □ **ahnte**:
verstand □ **männlichen** ≠ weiblichen □ **Schicksalswahrheit**: *vérité
capitale* □ **Ausspruch**: Worten □ **mächtigsten**: stärksten

Grammaire au fil des nouvelles

Traduisez les phrases suivantes inspirées du texte (le premier chiffre renvoie à la page, les suivants aux lignes) :

Le héros de cette histoire possédait deux bras (qui étaient) menus comme le son d'une boîte à musique (génitif ; relative, 106 - 3,4).

Mais les femmes sortaient avec d'autres hommes dont elles ne parlaient pas aussi gentiment (traduction de "dont", 106 - 5,6).

Dans les journaux, il préférait lire la rubrique des sports ("préférer" suivi d'un infinitif, 106 - 15).

Il saisit les objets qui se trouvaient à sa gauche (*greifen nach* ; traduction de "se trouver", 106 - 25,26).

Il réussit à se créer les pires difficultés ("réussir à" ; superlatif, infinitive, 106 - 32 ; 108 - 1).

Mais avant que cela n'arrive, il se fit frapper par plusieurs personnes dans la rue ("avant que" ; passif ; complément de lieu, 108 - 12,13).

Cela fut un triste spectacle... (attribut du sujet, 108 - 26).

Notre héros était assis sur la plate-forme (traduction de "être assis", 110 - 4).

Il les regardait comme quelqu'un qui regarde, le couteau à la main, les poulets dans le poulailler ("quelqu'un" ; traduction de l'apposition ; complément de lieu, 110 - 13,14).

Il profitait de toutes ses heures de liberté pour se promener en autobus (infinitif substantivé, 112 - 5,6).

Notre héros était fou de rage (traduction idiomatique, 112 - 18).

Il aurait voulu se jeter sur son rival... (conditionnel, 112 - 18,19).

Il restait assis et accablait son amie de reproches ("rester assis", 112 - 21,22).

Je n'attache pas d'importance à la force d'un homme (112 - 24).

SKORPION

Christa Reinig (1926 geboren)

Christa Reinig ist 1926 in einem Berliner Arbeiterviertel geboren. Sie war unter anderem Blumenbinderin und Fabrikarbeiterin, hat aber später ein Kunstgeschichts- und Archäologiestudium begonnen.

Christa Reinig begann nach der Veröffentlichung ihrer ersten Gedichte bekannt zu werden. Seit 1964, wo sie in den Westen geflohen ist, lebt sie in der Bundesrepublik.

In ihren Erzählungen, wie zum Beispiel in "Skorpion", findet man immer wieder einen gewissen pessimistischen Grundton: der Mensch, der einer scheinbaren Ordnung als Opfer ausgeliefert ist, kann seinem Schicksal nicht entrinnen...

Er war sanftmütig und freundlich. Seine Augen standen dicht beieinander. Das bedeutete Hinterlist. Seine Brauen stießen über der Nase zusammen. Das bedeutete Jähzorn. Seine Nase war lang und spitz. Das bedeutete unstillbare Neugier. Seine Ohrläppchen waren angewachsen. Das bedeutete Hang zum Verbrechertum. Warum gehst du nicht unter die Leute? fragte man ihn. Er besah sich im Spiegel und bemerkte einen grausamen Zug um seinen Mund. Ich bin kein guter Mensch, sagte er. Er verbohrte sich in seine
10 Bücher. Als er sie alle ausgelesen hatte, mußte er unter die Leute, sich ein neues Buch kaufen gehn. Hoffentlich gibt es kein Unheil, dachte er und ging unter die Leute. Eine Frau sprach ihn an und bat ihn, ihr einen Geldschein zu wechseln. Da sie sehr kurzsichtig war, mußte sie mehrmals hin- und zurücktauschen. Der Skorpion dachte an seine Augen, die dicht beieinanderstanden und verzichtete darauf, sein Geld hinterlistig zu verdoppeln. In der Straßenbahn trat ihm ein Fremder auf die Füße und beschimpfte ihn in einer fremden Sprache. Der Skorpion
20 dachte an seine zusammengewachsenen Augenbrauen und ließ das Geschimpfe, das er ja nicht verstand, als Bitte um Entschuldigung gelten. Er stieg aus, und vor ihm lag eine Brieftasche auf der Straße. Der Skorpion dachte an seine Nase und bückte sich nicht und drehte sich auch nicht um. In der Buchhandlung fand er ein Buch, das hätte er gern gehabt. Aber es war zu teuer. Es hätte gut in seine Manteltasche gepaßt. Der Skorpion dachte an seine Ohrläppchen und stellte das Buch ins Regal zurück. Er nahm ein anderes. Als er es bezahlen wollte, klagte ein
30 Bücherfreund: Das ist das Buch, das ich seit Jahren suche. Jetzt kauft's mir ein anderer weg. Der Skorpion dachte an den grausamen Zug um seinen Mund und sagte: Nehmen

sanftmutig: geduldig ≠ jähzornig

dicht: nahe □ **bedeutete**: hieß □ **Hinterlist**: Bosheit □ **Brauen**: kleine Haare über den Augen □ **stießen**: wuchsen □ **Jähzorn** ≠ Geduld □ **unstillbar**: ohne Ende

Neugier: Interesse für alles Neue □ **Ohrläppchen**: unterer Teil des Ohres □ **Hang zum Verbrechertum**: kriminelle Anlagen

besah: betrachtete □ **Spiegel**: im S. sieht man sich selbst

grausam: sehr böse □ **Zug**: Miene, Gesichtsausdruck

verbohrte: vertiefte, las nur mehr

ausgelesen: zu Ende gelesen □ **mußte...Leute**: mußte hinaus auf die Straße gehen

Unheil: Unglück

sprach ihn an: sagte ihm □ **Geldschein**: Papiergeld

wechseln: umtauschen □ **kurzsichtig**: man kann nur Dinge in der Nähe sehen □ **hin- und zurück**: immer wieder

verzichtete: wollte nicht

hinterlistig: böse und schlau □ **verdoppeln**: mit 2 multiplizieren □

trat < treten: steigen □ **Fremder**: Unbekannter

beschimpfte: sagte böse Wörter

ließ...gelten als: akzeptierte □ **Geschimpfe**: böse Wörter

lag < liegen: sein

Brieftasche: kleine Tasche für Geld und Papiere

bückte sich: sich hinunterbeugen □ **drehte**: wandte

Buchhandlung: in der B. kauft man Bücher □ **fand** < finden

teuer ≠ billig

gepaßt: Platz gehabt

Regal: Fach, Bücherbrett, Platz

klagte: sagte traurig

seit Jahren: schon viele Jahre lang □ **suche** ≠ finde

kauft's...weg: vor meiner Nase kauft jemand das Buch

Sie das Buch. Ich trete zurück. Der Bücherfreund weinte fast. Er preßte das Buch mit beiden Händen an sein Herz und ging davon. Das war ein guter Kunde, sagte der Buchhändler, aber für Sie ist auch noch was da. Er zog aus dem Regal das Buch, das der Skorpion so gern gehabt hätte. Der Skorpion winkte ab : Das kann ich mir nicht leisten. — Doch, Sie können, sagte der Buchhändler, eine Liebe ist der anderen wert. Machen Sie den Preis. Der Skorpion weinte fast. Er preßte das Buch mit beiden Händen fest an sein
10 Herz, und, da er nichts mehr frei hatte, reichte er dem Buchhändler zum Abschied seinen Stachel. Der Buchhändler drückte den Stachel und fiel tot um.

trete zurück: kaufe es nicht □ **weinte** ≠ lachte

fast: beinahe, nicht ganz □ **preßte:** drückte fest

davon: weg, fort □ **Kunde:** Käufer

Buchhändler: er verkauft Bücher □ **was:** etwas □ **zog** < **ziehen:** nehmen □ **gern gehabt hätte:** sich wünschte, wollte

winkte ab: deutete "nein" mit der Hand □ **leisten:** kaufen

ist der anderen wert: verdient eine andere, soll etwas dafür bekommen

mit beiden Händen: mit den zwei Händen

da: weil □ **reichte:** gab

Abschied: Schluß □ **Stachel:** ein Kaktus hat Stacheln

drückte: preßte □ **fiel tot um:** war tot, ist gestorben

Grammaire au fil des nouvelles

Traduisez les phrases suivantes inspirées du texte (le premier chiffre renvoie à la page, les suivants aux lignes) :

C'était un signe de gentillesse (traduction idiomatique, 116 - 2).

Elle avait un grand nez: son nez était long et pointu. Il avait un grand nez: son nez était long et pointu (adjectif possessif, 116 - 4).

Quand il avait lu tous les livres, il s'en achetait un nouveau (traduction de "quand", 116 - 10).

J'espère qu'il n'y aura pas d'accident (adverbe ; construction avec "il y a", 116 - 11,12) !

Il changea, puis rechangea son argent (traduction idiomatique, 116 - 15).

Elle lui demanda de lui échanger un billet (traduction de "demander", 116 - 13).

Il renonça à doubler son argent (emploi du démonstratif adverbial, 116 - 16,17).

Dans le tramway, quelqu'un lui marcha sur les pieds (emploi des prépositions mixtes, 116 - 18).

Le livre était trop cher ; les livres étaient trop chers (l'adjectif attribut, 116 - 26).

Il posa le livre dans le rayon (traduction du verbe "poser", 116 - 28).

Voici le livre que je cherche depuis des années (traduction de "voici"; subordonnée relative, 116 - 30).

Prenez le livre (deux traductions de l'impératif, en allemand, 116 - 32 ; 118 - 1) !

C'était un bon client (attribut du sujet, 118 - 3).

Cette voiture, je ne peux pas me l'offrir (inversion du sujet, 118 - 6).

Des deux mains, il serre le livre contre son coeur (emploi des prépositions, 118 - 9,10).

DER ANDORRANISCHE* JUDE

Max Frisch (1911 geboren)

Max Frisch, Sohn eines Architekten, wurde 1911 in Zürich geboren. Er studierte auch selbst Architektur und übte gleichzeitig zwei Berufe aus : den des Architekten und den des Schriftstellers. Nach zahlreichen weiten Reisen beschloß er, sein Leben ganz der Literatur zu widmen ; er verbrachte einige Jahre in Rom und lebt seit 1965 wieder in der Schweiz. Max Frisch schrieb zahlreiche Romane : "Stiller", "Homo faber", "Mein Name sei Gantenbein"..., in denen er sich mit dem Identitätsbewußtsein des Menschen auseinandersetzt. In seinen Dramen versucht er, vorgefaßte Meinungen und Ideologien zu widerlegen.

Ähnlich wie in seinem Drama "Andorra" prangert Max Frisch in der Erzählung "der andorranische Jude" Vorurteile und deren zerstörende Folgen an...

* Andorranische : aus Andorra.

In Andorra lebte ein junger Mann, den man für einen Juden hielt. Zu erzählen wäre die vermeintliche Geschichte seiner Herkunft, sein täglicher Umgang mit den Andorranern, die in ihm den Juden sehen: das fertige Bildnis, das ihn überall erwartet. Beispielsweise ihr Mißtrauen gegenüber seinem Gemüt, das ein Jude, wie auch die Andorraner wissen, nicht haben kann. Er wird auf die Schärfe seines Intellektes verwiesen, der sich eben dadurch schärft, notgedrungen. Oder sein Verhältnis zum Geld, das in
10 Andorra auch eine große Rolle spielt: er wußte, er spürte, was alle wortlos dachten; er prüfte sich, ob es wirklich so war, daß er stets an das Geld denke, er prüfte sich, bis er entdeckte, daß es stimmte, es war so, in der Tat, er dachte stets an das Geld. Er gestand es; er stand dazu, und die Andorraner blickten sich an, wortlos, fast ohne ein Zucken der Mundwinkel. Auch in Dingen des Vaterlandes wußte er genau, was sie dachten; sooft er das Wort in den Mund genommen, ließen sie es liegen wie eine Münze, die in den Schmutz gefallen ist. Denn der Jude, auch das wußten die
20 Andorraner, hat Vaterländer, die er wählt, die er kauft, aber nicht ein Vaterland wie wir, nicht ein zugeborenes, und wie wohl er es meinte, wenn es um andorranische Belange ging, er redete in ein Schweigen hinein, wie in Watte. Später begriff er, daß es ihm offenbar an Takt fehlte, ja, man sagte es ihm einmal rundheraus, als er, verzagt über ihr Verhalten, geradezu leidenschaftlich wurde. Das Vaterland gehörte den andern, ein für allemal, und daß er es lieben könnte, wurde von ihm nicht erwartet, im Gegenteil, seine beharrlichen Versuche und Werbungen öffneten nur eine
30 Kluft des Verdachtes; er buhle um eine Gunst, um einen Vorteil, um eine Anbiederung, die man als Mittel zum Zweck empfand auch dann, wenn man selber keinen

Andorra: *l'Andorre*

hielt: glaubte, er sei □ **vermeintliche:** gedachte

Herkunft: woher er kommt □ **Umgang:** Leben mit □ **Andorra-nern:** Bewohner Andorras □ **Bildnis:** Bild, Meinung

beispielsweise: zum Beispiel □ **Mißtrauen:** Mangel an Glauben

Gemüt: Herz, alle Gefühle

wird verwiesen: man zeigt auf □ **Schärfe:** Präzision

sich schärft: stärker, präziser wird □ **eben:** genau

notgedrungen: es geht nicht anders □ **Verhältnis:** Idee

spürte: fühlte in seinem Herzen

wortlos: ohne zu sprechen □ **prüfte:** fragte

stets: immer

entdeckte: sah □ **stimmte:** richtig war □ **in der Tat:** wirklich

gestand: gab zu, sagte □ **stand dazu:** blieb dabei

blickten an: sahen an □ **fast:** beinahe □ **Zucken:** kurze Bewegung

Mundwinkel: linke und rechte Seite des Mundes □ **Vaterlandes:** Heimat □ **sooft:** jedesmal wenn

Münze: Geldstück

wählt: sich aussucht

zugeborenes: zu dem er von Geburt an gehört

wohl er es meinte: er sprach im Interesse von □ **Belange:** Angelegenheiten, Interesse □ **Schweigen** ≠ Lärm □ **Watte:** *coton*

begriff < begreifen: verstand □ **offenbar:** sicherlich

rundheraus: ganz klar □ **verzagt:** mutlos, traurig □ **Verhalten:** Benehmen □ **geradezu:** fast □ **leidenschaftlich:** passioniert

ein für allemal: immer

im Gegenteil: es ist gaz anders

beharrlichen...Werbungen: er zeigte es immer wieder

Kluft des Verdachtes: man mißtraut ihm □ **er buhle...Vorteil:** er suche Liebe, Anerkennung □ **Anbiederung:** will akzeptiert werden

Zweck: Ziel, Ende □ **empfand:** fühlte

möglichen Zweck erkannte. So wiederum ging es, bis er eines Tages entdeckte, mit seinem rastlosen und alles zergliedernden Scharfsinn entdeckte, daß er das Vaterland wirklich nicht liebte, schon das bloße Wort nicht, das jedesmal, wenn er es brauchte, ins Peinliche führte. Offenbar hatten sie recht. Offenbar konnte er überhaupt nicht lieben, nicht im andorranischen Sinn; er hatte die Hitze der Leidenschaft, gewiß, dazu die Kälte seines Verstandes, und diesen empfand man als eine immer bereite
10 Geheimwaffe seiner Rachsucht; es fehlte ihm das Gemüt, das Verbindende; es fehlte ihm, und das war unverkennbar, die Wärme des Vertrauens. Der Umgang mit ihm war anregend, ja, aber nicht angenehm, nicht gemütlich. Es gelang ihm nicht, zu sein wie alle andern, und nachdem er es umsonst versucht hatte, nicht aufzufallen, trug er sein Anderssein sogar mit einer Art von Trotz, von Stolz und lauernder Feindschaft dahinter, die er, da sie ihm selber nicht gemütlich war, hinwiederum mit einer geschäftigen Höflichkeit überzuckerte; noch wenn er sich verbeugte, war
20 es eine Art von Vorwurf, als wäre die Umwelt daran schuld, daß er ein Jude ist —

Die meisten Andorraner taten ihm nichts.

Also auch nichts Gutes.

Auf der andern Seite gab es auch Andorraner eines freieren und fortschrittlichen Geistes, wie sie es nannten, eines Geistes, der sich der Menschlichkeit verpflichtet fühlte: sie achteten den Juden, wie sie betonten, gerade um seiner jüdischen Eigenschaften willen, Schärfe des Verstandes und so weiter. Sie standen zu ihm bis zu seinem Tode,
30 der grausam gewesen ist, so grausam und ekelhaft, daß sich auch jene Andorraner entsetzten, die es nicht berührt hatte, daß schon das ganze Leben grausam war. Das heißt, sie

erkannte: sah □ **wiederum**: immer wieder

entdeckte: bemerkte □ **rastlosen**: ohne Ruhe

zergliedernden Scharfsinn: analytischen Intellekt

bloße: einfache

Peinliche: Unangenehme

offenbar: sicher, es scheint so

im...Sinn: wie die Andorraner es meinen

Hitze ≠ Kälte □ **Leidenschaft**: Begeisterung, Passion □ **gewiß**: sicher □ **Verstandes**: Intellekts □ **bereite**: kann sofort benutzt werden □ **Geheimwaffe...Rachsucht**: *arme secrète de vengeance*

Verbindende: Persönliche □ **unverkennbar**: offensichtlich

Vertrauens ≠ Mißtrauens □ **Umgang**: Leben

anregend: interessant □ **gemütlich**: herzlich □ **es gelang ihm nicht**: er konnte nicht

umsonst: ohne Resultat □ **versucht**: probiert □ **nicht aufzufallen**: diskret zu sein □ **Trotz**: Resignation □ **Stolz**: er ist froh

lauernder: beobachtender □ **Feindschaft** ≠ Freundschaft

hinwiederum: manchmal □ **geschäftigen**: aktiven

Höflichkeit: *politesse* □ **überzuckert**: süß gemacht, versüßt

Art von: wie ein □ **Vorwurf**: Kritik □ **Umwelt**: alle Menschen um ihn herum

taten: machten

fortschrittlichen ≠ reaktionären □ **Geistes**: *esprit*

Menschlichkeit: Humanität □ **verpflichtet**: solidarisch

achteten: respektierten □ **betonten**: laut sagten □ **gerade**: vor allem □ **um willen**: für □ **Eigenschaften**: Merkmale des Charakters

standen zu: verteidigten, hielten zu ihm

grausam: schrecklich □ **ekelhaft**: *écoeurant*

jene: die anderen □ **entsetzten**: es schrecklich fanden □ **berührt**: interessiert

125

beklagten ihn eigentlich nicht, oder ganz offen gesprochen: sie vermißten ihn nicht — sie empörten sich nur über jene, die ihn getötet hatten, und über die Art, wie das geschehen war, vor allem die Art.

Man redete lange davon.

Bis es sich eines Tages zeigt, was er selber nicht hat wissen können, der Verstorbene: daß er ein Findelkind gewesen, dessen Eltern man später entdeckt hat, ein Andorraner wie unsereiner —

10   Man redete nicht mehr davon.

Die Andorraner aber, sooft sie in den Spiegel blickten, sahen mit Entsetzen, daß sie selber die Züge des Judas tragen, jeder von ihnen.

beklagten: bedauerten, Mitleid hatten
vermißten ihn: er fehlte ihnen □ **empörten:** entsetzten, waren schockiert

redete: sprach

Verstorbene: Tote □ **Findelkind:** gefundenes Kind (ohne Eltern)
entdeckt: gefunden
unsereiner: einer von uns

in den Spiegel blickten: sich selbst im S. sahen
Entsetzen: Schrecken □ **Züge:** Miene, Gesichtsausdruck

Grammaire au fil des nouvelles

Traduisez les phrases suivantes inspirées du texte (le premier chiffre renvoie à la page, les suivants aux lignes) :

Il savait ce que tous pensaient (pronom relatif, 122 - 10,11).

Il s'interrogeait s'il en était ainsi (traduction de "si", 122 - 11).

Plus tard il comprit que, visiblement, il manquait de tact (place des verbes, 124 - 24).

...jusqu'à ce qu'il découvrît un jour qu'il n'aimait pas sa patrie (conjonction *bis*, 124 - 2,3,4).

Il ne réussit pas à être comme tous les autres (construction avec le verbe *gelingen*, 124 - 14).

Une sorte de fierté (124 - 16)...

Ils l'estimaient justement pour ses qualités (emploi de *um willen*, 124 - 27,28).

Ils ne regrettaient pas son absence (régime du verbe *vermissen*, 126 - 2).

On en parla pendant longtemps (traduction de "en", 126 - 5).

C'était un enfant abandonné dont on découvrit les parents beaucoup plus tard (traduction de "dont", 126 - 7,8,9).

MECHANISCHER DOPPELGÄNGER*

Hermann Kasack (1896-1966)

Hermann Kasack lebte von 1896 bis 1966, er ist in Potsdam geboren und in Stuttgart gestorben. Er war Verlagslektor, Direktor einiger deutscher Verlage und lebte dann als freier Schriftsteller und Rundfunkautor.

Sein Hauptwerk "Die Stadt hinter dem Strom" wurde auch ins Französische übersetzt und kann als philosophischer Roman bezeichnet werden.

Der "mechanische Doppelgänger" ist ein Beispiel einer der surrealistischen Erzählungen Hermann Kasacks, die uns zwingt, über uns selbst und unser tägliches Leben ein wenig nachzudenken...

---

* Doppelgänger : Mensch, der genauso aussieht wie ein anderer, *sosie*.

»Ein Herr wünscht Sie zu sprechen«, meldete die Sekretärin. Ich las auf der Besuchskarte: Tobias Hull, B.A. — Keine Vorstellung. Auf meinen fragenden Blick: »Ein Herr in den besten Jahren, elegant.«

Anscheinend ein Ausländer. Immer diese Störungen. Irgendein Vertreter. Oder? Was weiß man. — »Ich lasse bitten.«

Herr Tobias Hull tritt mit vorsichtigen Schritten ein. Er setzt Fuß vor Fuß, als fürchte er, zu stark aufzutreten. Ob
10 er leidend ist? Ich schätze sein Alter auf Mitte vierzig. Eine große Freundlichkeit strahlt aus seinem glattrasierten, nicht unsympathischen Gesicht. Sehr korrekt angezogen, beinahe zu exakt in seinen verbindlichen Bewegungen, scheint mir. Nun, man wird sehen. Mit der Hand zum Sessel weisend: »Was verschafft mir die Ehre Ihres Besuches?«

»Oh! Ich wollte mich Ihnen nur vorstellen.«

»Sehr angenehm«, sage ich.

»Oh! Sie verstehen!« Dieses mit einem leicht jaulenden Ton vorgebrachte »Oh!« ist unnachahmlich. Seine müde,
20 etwas monotone Stimme hat einen kleinen fremden Akzent. Er sieht mich mit freundlicher Erwartung an.

Über das Benehmen meines Besuchers doch ein wenig erstaunt, wiederhole ich: »Sehr angenehm. Aber darf ich Sie fragen — «

Da werde ich sogleich mit seinem »Oh!« unterbrochen: »Bitte fragen Sie mich nicht.« Und dann beginnt er, seine Geschichte zu erzählen, die er anscheinend schon hundertmal vorgebracht hat: »Ich bin nämlich ausgestopft!«

»Aber — erlauben Sie mal!«
30 Das eigentümliche Wesen, das mich überlegen fixiert, beachtet den Einwurf nicht, sondern fährt unbeirrt fort: »Erschrecken Sie nicht, weil ich eine Art Automat bin, eine

wünscht: möchte □ **meldete**: sagte
Besuchskarte: Visitenkarte
Vorstellung: Idee □ **Blick**: die Augen blicken
in...Jahren: zwischen 40 und 50 Jahren
anscheinend: wahrscheinlich □ **Ausländer**: Fremder □ **Störungen**:
Unterbrechungen, *dérangements* □ **ich...bitten**: er soll kommen

tritt ein: kommt herein □ **vorsichtigen**: kleinen, langsamen
als...er: als ob er Angst hätte □ **aufzutreten**: zu gehen
leidend: krank □ **schätze**: denke daß □ **Mitte vierzig**: 45 Jahre
strahlt: kommt □ **glattrasierten** ≠ bärtigen
angezogen: gekleidet □ **beinahe**: fast
zu: zu sehr □ **verbindlichen**: höflichen □ **Bewegungen**: Gesten
Sessel: Fauteuil
weisend: zeigend □ **verschafft**: macht □ **Ehre**: *honneur*

sehr angenehm: sehr erfreut
leicht: ein wenig □ **jaulenden**: weinerlichen, hohen
vorgebrachte: gesagte □ **unnachahmlich**: kann nicht imitiert
werden □ **etwas**: ein wenig □ **fremden** ≠ bekannten
Erwartung: Hoffnung
Benehmen: Art, Betragen, *comportement*
erstaunt: verwundert □ **wiederhole**: sage nochmals

sogleich: sofort □ **unterbrochen**: gestört, aufgehalten
beginnt: fängt an

vorgebracht: erzählt, gesagt □ **nämlich**: denn □ **ausgestopft**: mit
Stroh gefüllt, *empaillé* □ **erlauben**: gestatten, entschuldigen
eigentümliche: sonderbare □ **Wesen**: Person, Mensch □ **überlegen**:
d'un air supérieur □ **beachtet**: gibt acht □ **Einwurf**: Gegenfrage □
fährt...fort: spricht ungestört weiter □ **Automat**: Maschine

131

Maschine in Menschenform, ein Ersatz sozusagen. Mr. Tobias Hull existiert wirklich. Der Chef einer großen Fabrik zur Herstellung von mechanischen Doppelgängern. Ich bin, wie sagt man, seine Projektion, ja, Agent in Propaganda. Ich kann Ihnen natürlich meinen Mechanismus im einzelnen nicht erklären — Sie verstehen : Fabrikationsgeheimnis ! Aber wenn Sie daran denken, daß die meisten Menschen heutzutage ganz schablonenmäßig leben, handeln und denken, dann werden Sie sofort begreifen, worauf
10 sich unsere Theorie gründet ! Herz und Verstand werden bei uns ausgeschaltet. Sie sind es ja, die im Leben so oft störende Komplikationen hervorrufen. Bei uns ersetzt Routine alles. Sehr einleuchtend, nicht wahr ? «

Ich nickte verstört.

» Oh ! Mein Inneres ist ein System elektrischer Ströme, automatischer Hebel, großartig ! Eine Antennenkonstruktion, die auf die feinsten Schwingungen reagiert. Sie läßt mich alle Funktionen eines menschlichen Wesens verrichten, ja, in gewisser Weise noch darüber hinaus. Sie sehen
20 selbst, wie gut ich funktioniere. «

Zweifelnd, mißtrauisch betrachte ich das seltsame Geschöpf. » Unmöglich ! « sage ich. » Ein Taschenspielertrick. Sehr apart. Indessen — «

» Oh ! Ich kann mich in sieben Sprachen verständigen. Wenn ich zum Beispiel den obersten Knopf meiner Weste drehe, so spreche ich fließend englisch, und wenn ich den nächsten Knopf berühre, so spreche ich fließend französisch, und wenn ich — «

» Das ist wirklich erstaunlich ! «
30 » Oh ! In gewisser Weise ; vor allem aber angenehm. Wünschen Sie ein Gespräch über das Wetter, über Film, über Sport ? Über Politik oder abstrakte Malerei ? Fast alle

132

sozusagen: wie man sagen könnte

Herstellung: Fabrikation, Erzeugung

im einzelnen: im Detail
erklären: beschreiben, sagen □ **Fabrikationsgeheimnis**: niemand
darf den Mechanismus wissen □ **die meisten**: fast alle
heutzutage: in unserer Zeit □ **schablonenmäßig**: nach Modellen □
handeln: alles tun □ **begreifen**: verstehen
gründet: aufbaut □ **Verstand**: Intelligenz
ausgeschaltet: eliminiert □ **ja**: denn
hervorrufen: provozieren □ **ersetzt**: an seine Stelle setzt
einleuchtend: leicht zu verstehen
nickte: deutete "ja" mit dem Kopf □ **verstört**: verwirrt
Inneres: Organe □ **Ströme**: Flüsse, *courants*
Hebel: *leviers* □ **großartig**: phantastisch
feinsten: kleinsten, schwächsten □ **Schwingungen**: Bewegungen
verrichten: machen
gewisser: bestimmter □ **Weise**: Art, Sorte □ **darüber hinaus**: mehr

zweifelnd: ungläubig □ **mißtrauisch** = zweifelnd □ **betrachte**: sehe
an □ **Geschöpf**: Wesen, Kreatur □ **Taschenspielertrick**: *tour de
passe-passe* □ **apart**: schick, nobel □ **indessen**: jedoch, aber
verständigen: sprechen und verstehen
zum Beispiel = z. B.: beispielsweise □ **obersten**: ersten □ **Knopf**:
bouton □ **drehe**: *tourne* □ **fließend**: sehr gut
berühre: mit der Hand angreife

erstaunlich: interessant, wunderbar
vor allem: besonders □ **angenehm**: praktisch, gut
Gespräch: Diskussion □ **Wetter**: Regen, Sonne, Wind...
fast: beinahe

Themen und Vokabeln des modernen Menschen sind in mir vorrätig. Auch eine Spule von Gemeinplätzen läßt sich abrollen. Alles sinnreich, komfortabel und praktisch. Wie angenehm wird es für Sie sein, wenn Sie sich erst einen mechanischen Doppelgänger von sich halten — oder besser, wenn Sie gleich zwei Exemplare von sich zur Verfügung haben. Sie könnten gleichzeitig verschiedene Dienstreisen unternehmen, an mehreren Tagungen teilnehmen, überall gesehen werden und selber obendrein ruhig zu
10 Hause sitzen. Sie haben einen Stellvertreter Ihres Ich, der Ihre Geschäfte wahrscheinlich besser erledigt als Sie selbst. Sie werden das Doppelte verdienen und können Ihre eigene Person vor vielen Überflüssigkeiten des Lebens bewahren. Ihr Wesen ist vervielfältigt. Sie können sogar sterben, ohne daß die Welt etwas davon merkt. Denn wir Automaten beziehen unsere Existenz aus jeder Begegnung mit wirklichen Menschen. «

» Aber dann werden ja die Menschen allmählich ganz überflüssig. «

20 » Nein. Aus eben diesem Grunde nicht. Zwei Menschenautomaten können mit sich selber nur wenig anfangen. Haben Sie also einen Auftrag für mich? «

Mit jähem Ruck sprang das Wesen auf und sauste im Zimmer hin und her.

» Oh! Wir können auch die Geschwindigkeiten regulieren. Berühmte Rennfahrer und Wettläufer halten sich schon Doppelgänger-Automaten, die ihre Rekorde ständig steigern. «

» Phantastisch! Man weiß bald nicht mehr, ob man einen
30 Menschen oder einen Automaten vor sich hat. «

» Oh! « zischte es an mein Ohr, » das letzte Geheimnis der Natur werden wir nie ergründen. — Darf ich also ein

sind vorrätig: existieren, sind vorhanden

Spule: Rolle, ein Film ist auf einer S. aufgerollt □ **Gemeinplätzen**: Banalitäten □ **abrollen**: sagen, aufzählen □ **sinnreich**: intelligent

erst: dann

halten: zu Hause haben

zur Verfügung haben: besitzen

gleichzeitig: zugleich, zur selben Zeit □ **verschiedene**: mehrere, ein paar

Dienstreisen: Geschäftsreisen □ **unternehmen**: machen □ **Tagungen**: Symposien □ **obendrein**: außerdem, noch dazu

Stellvertreter: jemand, der an Ihrer Stelle (Platz) alles tut

Geschäfte: Arbeiten □ **wahrscheinlich**: sicher □ **erledigt**: macht

Doppelte: zweimal soviel □ **verdienen**: Geld bekommen □ **eigene**: persönliche □ **Überflüssigkeiten**: Dinge, die man nicht braucht □

bewahren: schützen □ **vervielfältigt**: multipliziert

merkt: sieht, weiß

beziehen: bekommen, erhalten □ **Begegnung**: Treffen, Kontakt □

wirklichen: reellen, existierenden

ja: doch □ **allmählich**: langsam, nach und nach

überflüssig: unnütz, man braucht sie nicht mehr

aus diesem Grunde: deshalb, deswegen, darum □ **eben**: genau

anfangen: machen

Auftrag: Bestellung, *commande*

jähem: plötzlichem □ **Ruck**: Bewegung, Sprung □ **sprang auf**: erhob sich, stand auf □ **sauste hin und her**: lief sehr schnell von einer Seite des Zimmers zur anderen □ **Geschwindigkeiten**: Tempi

berühmte: bekannte □ **Rennfahrer**: Piloten eines Sportwagens □

Wettläufer: Sportler, die ein Rennen (*course*) gewinnen wollen □

ständig: immer □ **steigern**: verbessern

vor sich hat: sieht

zischte: sagte leise, eine Schlange zischt

ergründen: finden

Duplikat von Ihnen herstellen lassen? Sie sind nicht besonders kompliziert zusammengesetzt, das ist günstig. Das hineingesteckte Kapital wird sich bestimmt rentieren. Morgen wird ein Herr kommen und Maß nehmen.«

»Die Probe Ihrer Existenz war in der Tat verblüffend, jedoch —« Mir fehlten die Worte, und ich tat so, als ob ich überlegte.

»Jedoch, sagen Sie nur noch: Der Herr, der morgen kommen soll, ist das nun ein Automat oder ein richtiger
10 Mensch?«

»Ich nehme an, noch ein richtiger Mensch. Aber es bliebe sich gleich. Guten Tag.«

Mr. Tobias Hull war fort. Von Einbildung kann keine Rede sein, die Sekretärin ist mein Zeuge. Aber es muß diesem Gentlemangeschöpf unmittelbar nach seinem Besuch bei mir etwas zugestoßen sein, denn weder am nächsten noch an einem späteren Tage kam jemand, um für meinen Doppelgänger Maß zu nehmen. Doch hoffe ich, wenigstens durch diese Zeilen die Aufmerksamkeit der
20 Tobias-Hull-Gesellschaft wieder auf meine Person zu lenken.

Denn eines weiß ich seit jener Unterhaltung gewiß: Ich bin inzwischen vielen Menschen begegnet, im Theater und im Kino, bei Versammlungen und auf Gesellschaften, im Klub und beim Stammtisch, die bestimmt nicht sie selber waren, sondern bereits ihre mechanischen Doppelgänger.

herstellen: machen
besonders: sehr □ **zusammengesetzt**: gemacht □ **günstig**: gut
hineingesteckte: investierte □ **rentieren**: ist rentabel
Maß nehmen: messen, wie groß, wie breit etc. Sie sind
Probe: Beweis □ **in der Tat**: wirklich □ **verblüffend**: interessant
mir fehlten die Worte: ich konnte nichts mehr sagen
überlegte: nachdenken würde

nun: denn, also □ **richtiger**: echter, wirklicher

nehme an: denke, glaube □ **bliebe...gleich**: wäre das gleiche,
dasselbe
fort: nicht mehr da, weg(gegangen) □ **Einbildung**: Phantasie □
kann keine Rede sein: ist unmöglich, ausgeschlossen □ **Zeuge**:
témoin □ **unmittelbar**: gleich, sofort
zugestoßen: passiert □ **weder - noch**: nicht... und nicht

hoffe: wünsche und glaube
Zeilen: Linien, Text □ **Aufmerksamkeit**: Interesse
Gesellschaft: Firma, Unternehmen
lenken: ziehen
jener: dieser □ **Unterhaltung**: Gespräch, Diskussion □ **gewiß**:
sicher □ **inzwischen**: seit dieser Zeit
Versammlungen: viele Leute treffen sich □ **Gesellschaften**:
Empfängen, Parties □ **Stammtisch**: Tisch im Gasthaus, Restaurant... □ **bereits**: schon

Grammaire au fil des nouvelles

Traduisez les phrases suivantes inspirées du texte (le premier chiffre renvoie à la page, les suivants aux lignes) :

Un monsieur désire vous parler (infinitif avec *zu*, 130 - 1).

Un représentant quelconque (130 - 6)...

Je me demande s'il est souffrant (traduction de "si", 130 - 9,10).

Puis-je vous demander... (traduction du verbe "pouvoir", 130 - 23).

Il commence à raconter son histoire, (histoire) qu'il a déjà racontée des centaines de fois (proposition relative, 130 - 26,27).

Vous allez immédiatement comprendre sur quoi se fonde notre théorie ("sur quoi", 132 - 9,10).

Vous voyez vous-même comme je fonctionne bien (132 - 19,20).

Je sais me faire comprendre en sept langues ("savoir" suivi d'un infinitif, 132 - 24).

Quand je tourne le premier bouton de ma veste je parle couramment l'anglais (traduction de "quand", 132 - 25,26).

En quelque sorte (132 - 30)...

Vous pourriez entreprendre en même temps plusieurs voyages d'affaires (conditionnel, 134 - 7,8).

Avez-vous une commande pour moi (134 - 22)?

Des coureurs automobile célèbres possèdent déjà un robot-sosie (accord de l'adjectif, 134 - 26,27).

Je faisais comme si je réfléchissais ("comme si", 136 - 6,7).

Ni le lendemain ni les jours suivants (136 - 16,17)...

J'ai rencontré beaucoup de gens au théâtre et au cinéma (régime du verbe *begegnen* ; compléments de lieu, 136 - 23,24).

DER STIFT*

Heinrich Spoerl (1887-1955)

Der 1887 in Düsseldorf geborene und 1955 in Süddeutschland verstorbene Humorist Heinrich Spoerl zählt zu den beliebtesten Autoren der Gegenwart. Er schrieb heitere Unterhaltungsromane, von denen einige auch als Komödien verfilmt wurden.

Heinrich Spoerl war von Beruf Rechtsanwalt, lebte lange Zeit in Berlin und wurde durch seinen ersten Roman "Die Feuerzangenbowle" schlagartig berühmt. Gemeinsam mit seinem Sohn Alexander schrieb er den Roman "Der eiserne Besen", eine Satire der Nachkriegszeit.

Die beiden folgenden Geschichten sind dem Sammelband "Man kann ruhig darüber sprechen" entnommen.

In der ersten Erzählung "Der Stift" führt uns Heinrich Spoerl in unsere Schulzeit zurück und läßt uns eine Schulstunde erleben, die anders als erwartet verlaufen sollte...

---

* Stift : Metallspitze, die beide Teile einer Türklinke zusammenhält ; *pointe de métal qui maintient solidaires les deux parties d'une poignée de porte.*

Eine Türklinke besteht aus zwei Teilen, einem positiven und einem negativen. Sie stecken ineinander, der kleine wichtige Stift hält sie zusammen. Ohne ihn zerfällt die Herrlichkeit.

Auch die Türklinke an der Obertertia ist nach diesem bewährten Grundsatz konstruiert.

Als der englische Lehrer um zwölf in die Klasse kam und mit der ihm gewohnten konzentrierten Energie die Tür hinter sich schloß, behielt er den negativen Teil der Klinke
10 in der Hand. Der positive flog draußen klirrend auf den Gang.

Mit dem negativen Teil kann man keine Tür öffnen. Die Tür hat nur ein viereckiges Loch. Der negative Teil desgleichen.

Die Klasse hatte den Atem angehalten und bricht jetzt in unbändiger Freude los. Sie weiß, was kommt. Nämlich römisch eins : Eine ausführliche Untersuchung, welcher schuldbeladene Schüler den Stift herausgezogen hat. Und römisch zwei : Technische Versuche, wie man ohne Klinke
20 die Tür öffnen kann. Damit wird die Stunde herumgehen.

Aber es kam nichts. Weder römisch eins noch römisch zwei. Professor Heimbach war ein viel zu erfahrener Pädagoge, um sich ausgerechnet mit seiner Obertertia auf kriminalistische Untersuchungen und technische Probleme einzulassen. Er wußte, was man erwartete, und tat das Gegenteil :

» Wir werden schon mal wieder herauskommen «, meinte er gleichgültig. » Mathiesen, fang mal an. Kapitel siebzehn, zweiter Absatz. «
30 Mathiesen fing an, bekam eine drei minus. Dann ging es weiter ; die Stunde lief wie jede andere. Die Sache mit dem Stift war verpufft.

Türklinke: *bec-de-cane* □ **besteht:** ist, setzt sich zusammen □
positiven: *mâle* □ **negativen:** *femelle* □ **stecken ineinander:** sind
einer im anderen □ **hält zusammen:** verbindet □ **zerfällt:** teilt sich
in 2 □ **Herrlichkeit:** Schönheit, hier: ironisch für Türklinke
Obertertia: 9. Schuljahr; *classe de troisième*
bewährten: bekannten □ **Grundsatz:** System
um zwölf: zu Mittag
mit... Energie: energisch wie immer
schloß: zumachte □ **behielt er:** blieb ihm
flog: fiel □ **draußen:** vor der Klasse □ **klirrend:** laut hörbar
Gang: Vorraum

viereckiges: quadratisches □ **Loch:** Öffnung
desgleichen: ebenso, auch
den Atem angehalten: nicht geatmet □ **bricht los:** lacht
unbändiger: größer □ **nämlich:** das heißt
römisch eins: I □ **ausführliche:** genaue □ **Untersuchung:** Suche
schuldbeladene: böse □ **herausgezogen:** herausgenommen
römisch zwei: II □ **Versuche:** man probiert
damit: mit diesen Versuchen □ **herumgehen:** vergehen, zu Ende
gehen □ **weder...noch:** nicht... nicht
erfahrener: er kennt die Schüler sehr gut
ausgerechnet: gerade

einzulassen: zu beginnen □ **tat < tun:** machen
Gegenteil: das andere Extrem
mal: einmal □ **meinte:** sagte
gleichgültig ≠ nervös
Absatz: Paragraph
drei minus: ungefähr 11/20 (das deutsche Notensystem ist ganz
anders als das französische) □ **lief < laufen:** sein
verpufft: umsonst, ohne Resultat

141

Aber die Jungens waren doch noch schlauer. Wenigstens einer von ihnen. Auf einmal steht der lange Klostermann auf und sagt, er muß raus.

» Wir gehen nachher alle. «

Er muß aber trotzdem.

» Setz dich hin ! «

Der lange Klostermann steht immer noch ; er behauptet, er habe Pflaumenkuchen gegessen und so weiter.

Professor Heimbach steht vor einem Problem. Pflaumen-
10 kuchen kann man nicht widerlegen. Wer will die Folgen auf sich nehmen ?

Der Professor gibt nach. Er stochert mit seinen Hausschlüsseln in dem viereckigen Loch an der Tür herum. Aber keiner läßt sich hineinklemmen.

» Gebt mal eure Schlüssel her. « Merkwürdig, niemand hat einen Schlüssel. Sie grabbeln geschäftig in ihren Hosentaschen und feixen.

Unvorsichtigerweise feixt auch der Pflaumenkuchen-
mann. Professor Heimbach ist Menschenkenner. Wer
20 Pflaumenkuchen gegessen hat und so weiter, der feixt nicht.

» Klostermann, ich kann dir nicht helfen. Setz dich ruhig hin. Die Rechnung kannst du dem schicken, der den Stift auf dem Gewissen hat. — Klebben, laß das Grinsen und fahr fort. «

Also wieder nichts. Langsam, viel zu langsam wird es ein Uhr. Es schellt. Die Anstalt schüttet ihre Insassen auf die Straße. Die Obertertia wird nicht erlöst : Sie liegt im dritten Stock am toten Ende eines langen Ganges.

30 Professor Heimbach schließt den Unterricht und bleibt auf dem Katheder. Die Jungens packen ihre Bücher :
» Wann können wir gehen ? «

Jungens: der Junge, die Jungen(s) □ **schlauer:** intelligenter

auf einmal: plötzlich □ **lange:** große

muß raus: er muß auf die Toilette gehen

nachher: dann, später

trotzdem: dennoch

setz dich hin: nimm Platz

behauptet: sagt

habe: hat (subj. 1) □ **Pflaumenkuchen:** *gâteau aux pruneaux*

widerlegen: etwas dagegen sagen □ **Folgen:** was passieren wird

gibt nach: *cède* □ **stochert herum:** versucht hineinzustecken

hineinklemmen: hineinstecken

merkwürdig: sonderbar

grabbeln: suchen □ **geschäftig:** eifrig, fleißig

feixen: lachen

unvorsichtigerweise: ohne achtzugeben

ruhig: doch

Rechnung: er wird für die Reinigung seiner Hose eine R. bezahlen müssen □ **auf...hat:** schuld ist □ **laß das Grinsen:** hör auf, dumm zu lachen □ **fahr fort:** mache weiter

ein Uhr: 13 Uhr

schellt: klingelt, läutet □ **Anstalt:** Schule □ **schüttet:** ergießt □

Insassen: Bewohner □ **erlöst:** befreit, frei

Ganges: Vorraumes

schließt: beendet □ **Unterricht:** Schulstunde

Katheder: *pupitre* □ **packen:** einräumen

gehen: weggehen

» Ich weiß es nicht, wir müssen eben warten. «

Warten ist nichts für Jungens. Außerdem haben sie Hunger. Der dicke Schrader hat noch ein Butterbrot und kaut mit vollen Backen; die anderen kauen betreten an ihren Bleistiften.

» Können wir nicht vielleicht unsere Hausarbeiten machen? «

» Nein! Erstens werden Hausarbeiten, wie der Name sagt, zu Hause gemacht. Und zweitens habt ihr fünf
10 Stunden hinter euch und müßt eure zarte Gesundheit schonen. Ruht euch aus; meinethalben könnt ihr schlafen. «

Schlafen in den Bänken hat man genügend geübt. Es ist wundervoll. Aber es geht nur, wenn es verboten ist. Jetzt, wo es empfohlen wird, macht es keinen Spaß und funktioniert nicht.

Eine öde Langeweile kriecht durch das Zimmer. Die Jungens dösen. Der Professor hat es besser; er korrigiert Hefte.
20 Kurz nach zwei kamen die Putzfrauen, die Obertertia konnte nach Hause, und der lange Klostermann, der das mit dem Stift gemacht hatte und sehr stolz darauf war, bekam Klassenhiebe.

eben: nun, doch

außerdem: und

dicke ≠ dünne

kaut: ißt □ **Backen:** Wangen, rechts und links der Nase □ **betreten:** nicht mehr fröhlich, kleinlaut

Hausarbeiten: Hausaufgaben

zu Hause: daheim

zarte: schwache □ **Gesundheit:** Natur

schonen: ausruhen, nicht anstrengen □ **meinethalben:** meinetwegen, ich bin einverstanden

Bänken: die Bank, die Bänke □ **genügend:** genug □ **geübt:** oft gemacht □ **wundervoll:** herrlich, angenehm □ **verboten** ≠ erlaubt

empfohlen: geraten □ **macht Spaß:** amüsiert

öde: große □ **kriecht:** geht langsam, streicht

dösen: schlafen fast □ **hat es besser:** es ist besser für ihn

Hefte: *cahiers*

kurz nach zwei: einige Minuten nach 14 Uhr □ **Putzfrauen:** die P. machen sauber und räumen auf □ **nach Hause:** ...gehen

stolz darauf: *fier de cela*

bekam Klassenhiebe: er wurde von der Klasse verprügelt (geschlagen)

Grammaire au fil des nouvelles

Traduisez les phrases suivantes inspirées du texte (le premier chiffre renvoie à la page, les suivants aux lignes) :

Quand le professeur entra dans la classe... (traduction de "quand", 140 - 7).

Le professeur savait à quoi s'attendaient les élèves mais il fit le contraire (140 - 25,26).

Mais les garçons étaient plus malins que lui (comparatif attribut, 142 - 1).

Il dit qu'il avait mangé du gâteau aux pruneaux (discours indirect, 142 - 7,8).

Donnez vos clés (impératif et possessif de la deuxième pers. du pluriel, 142 - 15) !

Je ne peux pas t'aider (régime du verbe, 142 - 22).

Assieds-toi (impératif, 142 - 22,23) !

La classe de troisième n'est pas libérée (passif avec *werden*, 142 - 28).

La classe se trouve au troisième étage, au fond d'un long couloir (complément de lieu, 142 - 29).

Premièrement, on fait les devoirs à la maison et deuxièmement vous devez vous reposer (traduction de "on" par le passif, 144 - 8,9).

Le professeur a plus de chance (expression idiomatique, 144 - 18).

La classe put rentrer à la maison (suppression du verbe *gehen*, 144 - 20,21).

WARTE NUR BALDE...

Heinrich Spoerl (1887-1955)

Der Titel dieser Erzählung "Warte nur balde..." ist ein Zitat aus einem der bekanntesten Gedichte von Goethe "Über allen Gipfeln ist Ruh,... warte nur, balde, ruhest du auch."

Es handelt sich hier um einen ungeduldigen jungen Mann, der nicht warten kann...

Als ich einmal warten mußte, habe ich mir ein Märchen erdacht:

Es war einmal ein junger Bauer, der wollte seine Liebste treffen. Er war ein ungeduldiger Gesell und viel zu früh gekommen. Und verstand sich schlecht aufs Warten. Er sah nicht den Sonnenschein, nicht den Frühling und die Pracht der Blumen. Ungeduldig warf er sich unter einen Baum und haderte mit sich und der Welt.

Da stand plötzlich ein graues Männlein vor ihm und sagte: Ich weiß, wo dich der Schuh drückt. Nimm diesen Knopf und nähe ihn an dein Wams. Und wenn du auf etwas wartest und dir die Zeit zu langsam geht, dann brauchst du nur den Knopf nach rechts zu drehen, und du springst über die Zeit hinweg bis dahin, wo du willst.

Das war so recht nach des jungen Burschen Geschmack. Er nahm den Zauberknopf und machte einen Versuch und drehte: und schon stand die Liebste vor ihm und lachte ihn an. Das ist schön und gut, dachte er, aber mir wäre lieber, wenn schon Hochzeit wäre. Er drehte abermals: Und saß mit ihr beim Hochzeitsschmaus, und Flöten und Geigen klangen um ihn. Da sah er seiner jungen Frau in die Augen: Wenn wir doch schon allein wären. Wieder drehte er heimlich, und da war tiefe Nacht und sein Wunsch erfüllt. Und dann sprach er über seine Pläne. Wenn unser neues Haus erst fertig ist — und drehte von neuem an dem Knopf: da war Sommer, und das Haus stand breit und leer und nahm ihn auf. Jetzt fehlen uns noch die Kinder, sagte er, und konnte es wiederum nicht erwarten. Und drehte schnell den Knopf: Da war er älter und hatte seine Buben auf den Knien, und Neues im Sinn und konnte es nicht erwarten. Und drehte, drehte, daß das Leben an ihm vorbeisprang, und ehe er sich's versah, war er ein alter Mann und lag auf

148

Märchen: Geschichte für Kinder

erdacht < erdenken: erfinden

Bauer: der B. besitzt Tiere und Felder und lebt auf dem Land □

Liebste: Freundin □ **ungeduldig**: er kann nicht warten □ **Gesell**: junger Mann □ **verstand sich**: konnte □ **aufs**: auf das

Sonnenschein: schönes Wetter □ **Pracht**: Schönheit

warf < werfen: legen

haderte: war unzufrieden

plötzlich: auf einmal □ **Männlein**: kleiner Mann, Zwerg

wo...drückt: was dich stört, was du brauchst

Knopf: er macht die Knöpfe seines Mantels zu □ **nähe**: befestige □ **Wams**: *pourpoint* □ **geht**: vergeht □ **brauchst**: mußt

drehen: mit der Hand bewegen □ **springst**: gehst schnell

hinweg: weiter als

recht: richtig □ **Burschen**: jungen Mannes □ **nach...Geschmack**: es gefiel ihm □ **Zauberknopf**: Knopf mit besonderen Zauberkräften □ **Versuch**: Probe □ **lachte an**: lächelte

schön und gut: nicht schlecht, aber... □ **wäre lieber**: möchte, würde vorziehen □ **Hochzeit**: Seine Liebste wird seine Frau □ **abermals**: noch einmal □ **Hochzeitsschmaus**: festliches Essen □ **Geigen**: Violinen □ **klangen**: tönten

heimlich: niemand darf es sehen □ **tiefe**: dunkle □ **erfüllt**: verwirklicht, realisiert

erst: dann □ **fertig**: gebaut □ **von neuem**: wieder

stand < stehen: sein □ **breit** ≠ schmal □ **leer** ≠ voll

nahm...auf: er konnte hineingehen □ **fehlen uns**: haben wir keine

wiederum: wieder □ **erwarten**: warten auf

Buben: Jungen, Knaben

Knien: *genoux* □ **Neues im Sinn**: neue Ideen

vorbeisprang: sehr schnell verging

ehe: bevor □ **sich's versah**: es bemerkte □ **lag** < liegen: sein

dem Sterbebett. Nun hatte er nichts mehr zu drehen und
blickte hinter sich. Und merkte, daß er schlecht gewirtschaftet hatte. Er wollte sich das Warten ersparen und nur die
Erfüllung genießen, wie man Rosinen aus einem Napfkuchen nascht. Nun, da sein Leben verrauscht war, erkannte
er, daß auch das Warten des Lebens wert ist und erst die
Erfüllung würzt. Was gäbe er darum, wenn er die Zeit ein
wenig rückwärts schrauben könnte! Zitternd versuchte er
den Knopf nach links zu drehen. Da tat es einen Ruck, er
10 wachte auf und lag noch immer unter dem blühenden Baum
und wartete auf seine Liebste. Aber jetzt hatte er das Warten
gelernt. Alle Hast und Ungeduld war von ihm gewichen ; er
schaute gelassen in den blauen Himmel, hörte den Vöglein
zu und spielte mit den Käfern im Grase. Und freute sich des
Wartens.

Sterbebett: Bett worin er sterben (tot sein) wird

blickte: sah □ **merkte**: sah, verstand □ **gewirtschaftet**: gehandelt

sich...ersparen: nicht warten

Erfüllung: Resultat □ **genießen**: profitieren □ **Rosinen**: getrock-
nete Weintrauben □ **Napfkuchen**: *kouglof* □ **nascht**: ißt □

verrauscht: vorbei, vergangen □ **erkannte**: verstand □ **wert + gén**:
es lohnt sich □ **würzt**: schöner macht □ **was...darum**: er würde
alles tun □ **rückwärts**: nach hinten □ **schrauben**: drehen □

zitternd: nervös □ **versuchte**: probierte □ **tat < tun**: machen □

Ruck: Stoß, plötzliche Bewegung □ **wachte auf**: schlief nicht mehr
□ **blühenden**: mit Blüten (Blumen) bedeckten

Hast: Eile, Nervosität □ **Ungeduld**: Nicht-Warten-Können □

gewichen < weichen: verlassen, weggehen □ **gelassen**: ruhig □

Vöglein: kleine Vögel □ **Käfern**: kleinen Insekten □ **Grase**: Wiese
□ **freute sich + gén**: freute sich über

Grammaire au fil des nouvelles

Traduisez les phrases suivantes inspirées du texte (le premier chiffre renvoie à la page, les suivants aux lignes):

Prends ce bouton et couds-le sur ton manteau (impératif, 2ᵉ personne du singulier, 148 - 10,11).

Lorsque tu attends quelque chose, tu n'as qu'à tourner ce bouton vers la droite (traduction de "lorsque"; régime du verbe "attendre"; emploi de *brauchen*, 148 - 11,12).

...et sa bien-aimée était devant lui et lui souriait (verbe de position; traduction de "lui", 148 - 17).

Je préférerais que... (conditionnel; emploi de *lieber*, 148 - 18).

Si seulement nous étions déjà seuls (expression d'un souhait, 148 - 22)!

Et avant qu'il ne s'en aperçoive, il était devenu un vieil homme ("avant que"; attribut du sujet, 148 - 32).

Il comprit qu'il s'était mal organisé (place des verbes, 150 - 2,3).

Il essaya de tourner le bouton vers la gauche (infinitive, 150 - 8,9).

Il se réveilla et vit qu'il se trouvait toujours sous l'arbre en fleurs (*liegen*; complément de lieu, 150 - 10).

DER PRIMUS*

Kurt Tucholsky (1890-1935)

Kurt Tucholsky schrieb unter verschiedenen Pseudonymen (Ignaz Wrobel, Peter Panter, Theobald Tiger, Kaspar Hauser) zeitkritische Artikel, Gedichte und Glossen über seine Zeitgenossen.

Er ist 1890 in Berlin geboren, lebte längere Zeit in Paris, dann in Schweden. 1935 schied er freiwillig aus dem Leben und wurde bei Schloß Gripsholm begraben; "Schloß Gripsholm" ist auch der Titel seines einzigen Romanes, den er 1931 in Schweden verfaßte.

Im folgenden Text "Der Primus" übt Tucholsky Kritik an den Deutschen, deren Wesensart er mit anderen Völkern vergleicht...

* Primus : bester Schüler einer Klasse.

In einer französischen Versammlung neulich in Paris, wo es übrigens sehr deutschfreundlich herging, hat einer der Redner einen ganz entzückenden Satz gesagt, den ich mir gemerkt habe. Er sprach von dem Typus des Deutschen, analysierte ihn nicht ungeschickt und sagte dann, so ganz nebenbei: »Der Deutsche gleicht unserm Primus in der Klasse.« Wenn es mir die Leipziger Neuesten Nachrichten nicht verboten hätten, hätte ich Hurra! gerufen.

Können Sie sich noch auf unsern Klassenprimus
10 besinnen? Kein dummer Junge, beileibe nicht. Fleißig, exakt, sauber, wußte alles und konnte alles und wurde — zur Förderung der Disziplin — vom Lehrer gar nicht gefragt, wenn ihm an der Nasenspitze anzusehen war, daß er diesmal keine Antwort wußte. Der Primus konnte alles so wie wir andern, wenn wir das Buch unter der Bank aufgeschlagen hatten und ablasen. Meist war er nicht mal ein ekelhafter Musterknabe (das waren die Streber auf den ersten Plätzen, die gern Primus werden wollten) — er war im großen ganzen ein ganz netter Mensch, wenn auch eine
20 leise Würde von ihm sanft ausstrahlte, die einen die letzte Kameradschaft niemals empfinden ließ. Der Primus arbeitete wirklich alles, was aufgegeben wurde, er arbeitete mit Überzeugung und Pflichtgefühl, er machte seine Arbeit um der Arbeit willen, und er machte sie musterhaft.

Schön und gut.

Da waren aber noch andre in der Klasse, die wurden niemals Primus. Das waren Jungen mit Phantasie (kein Primus hat Phantasie) — Jungen, die eine fast intuitive Auffassungsgabe hatten, aber nicht seine Leistungsfähig-
30 keit, Jungen mit ungleicher Arbeitskraft, schwankende, ewig ein wenig suspekte Gestalten. Sie verstanden ihre Dichter oder ihre Physik oder ihr Englisch viel besser als die

154

Versammlung: Kongreß, Treffen □ **neulich**: vor kurzer Zeit

übrigens: wirklich □ **es herging**: man war

Redner: Sprecher □ **entzückenden**: netten, reizenden

gemerkt: im Kopf behalten

ungeschickt: schlecht

nebenbei: beiläufig, es ist nicht sehr wichtig □ **gleicht**: ist ähnlich

Leipziger...Nachrichten: Name einer Zeitung

hurra: bravo

unsern: unseren

besinnen: erinnern □ **beileibe**: wirklich □ **fleißig** ≠ faul

sauber ≠ schmutzig

Förderung: Verbesserung

Nasenspitze: Miene □ **anzusehen**: zu erkennen

diesmal: jetzt, dieses Mal

wir andern: der Rest der Klasse

aufgeschlagen: geöffnet □ **ablasen** < ablesen: lesen □ **meist**: oft

ekelhaft: unsympathisch □ **Musterknabe**: Modell für alle □

Streber: ein S. ist dumm, aber lernt fleißig

im...ganzen: eigentlich □ **ganz**: relativ □ **netter**: sympathischer

Würde: Respekt □ **sanft**: leicht □ **ausstrahlte**: kam □ **einen**: uns

niemals: nie ≠ immer □ **empfinden**: fühlen

aufgegeben wurde: zu machen war

Überzeugung: Sicherheit □ **Pflichtgefühl**: Gewissenhaftigkeit, *sens
du devoir* □ **um willen**: für □ **musterhaft**: exemplarisch

schön und gut: in Ordnung

fast: beinahe

Auffassungsgabe: Intelligenz □ **Leistungsfähigkeit**: Arbeitskraft

ungleicher ≠ regelmäßiger □ **schwankende** ≠ sichere

ewig: immer □ **Gestalten**: Typen, Persönlichkeiten

Dichter: Poeten

andern, besser als der ewig gleich arbeitsame Primus und mitunter besser als der Lehrer. Aber sie brachten es zu nichts. Sie mußten froh sein, wenn man sie überhaupt versetzte.

Es müßte einmal aufgeschrieben werden, was Primi so späterhin im Leben werden. Es ist ja nicht grade gesagt, daß nur der Ultimus ein Newton wird, und daß es schon zur Dokumentierung von Talent oder gar Genie genügte, in der
10 Klasse schlecht mitzukommen. Aber ich glaube nicht, daß es viele Musterschüler geben wird, die es im Leben weiter als bis zu einer durchaus mittelmäßigen Stellung gebracht haben.

Der Deutsche, wie er sich in den Augen eines Romanen spiegelt ist zu musterhaft. Pflicht — Gehorsam — Arbeit : es wimmelt nur so von solchen Worten bei uns, hinter denen sich Eitelkeit, Grausamkeit und Überheblichkeit verbergen. Das Land will seine Kinder alle zum Primus erziehen. Frankreich seine, zum Beispiel, zu Menschen, England : zu
20 Männern. Die Tugend des deutschen Primus ist ein Laster, sein Fleiß eine unangenehme Angewohnheit, seine Artigkeit Mangel an Phantasie. In der Aula ist er eine große Nummer, und auch vor dem Herrn Direktor. Draußen zählt das alles nicht gar so sehr. Deutschland, Deutschland, über alles kann man dir hinwegsehen — aber daß du wirklich nur der Primus in der Welt bist : das ist bitter.

arbeitsame: fleißige

mitunter: manchmal □ **brachten...nichts:** wurden keine guten Schüler □ **froh:** zufrieden □ **überhaupt:** *de toute façon*

versetzte: in die nächste Klasse aufsteigen ließ

aufgeschrieben: notiert □ **Primi:** der Primus, die Primi

späterhin: später □ **ja:** natürlich □ **grade:** wirklich

Ultimus: schlechtester Schüler der Klasse

Dokumentierung: Beweis □ **gar:** sogar, auch □ **genügte:** genug ist

mitzukommen: zu folgen, zu verstehen

Musterschüler: sehr gute Schüler

durchaus mittelmäßigen: nicht sehr guten □ **Stellung:** Position □

gebracht: erreicht

eines Romanen: Italieners, Spaniers, Franzosen...

spiegelt: reflektiert □ **Pflicht:** *devoir* □ **Gehorsam:** *obéissance*

wimmelt...so: es gibt zahlreiche

Eitelkeit: Stolz □ **Grausamkeit:** Bosheit □ **Überheblichkeit:** Stolz □ **verbergen:** verstecken □ **erziehen:** machen

seine: seine Kinder

Tugend: gute Charaktereigenschaft □ **Laster** ≠ Tugend

Fleiß: Arbeitsamkeit □ **Angewohnheit:** Gewohnheit □ **Artigkeit:** Freundlichkeit □ **Mangel:** Fehlen □ **Aula:** Festsaal der Schule

draußen: im Leben

zählt: ist wichtig

hinwegsehen: entschuldigen

nur: nichts anderes als □ **bitter:** sehr traurig

Grammaire au fil des nouvelles

Traduisez les phrases suivantes inspirées du texte (le premier chiffre renvoie à la page, les suivants aux lignes) :

Un des orateurs a prononcé une phrase tout à fait charmante (pronom indéfini, 154 - 3).

L'Allemand ressemble à notre fort-en-thème (154 - 6).

Il ne se faisait pas interroger par le professeur (traduction par un passif, 154 - 11,12).

C'était quelqu'un d'assez sympathique (attribut du sujet, traduction de "quelqu'un", 154 - 18,19).

Il fait son travail pour l'amour du travail (154 - 23,24).

Ils comprenaient tout mieux que les autres, mieux que le professeur (comparatif, 154 - 31,32 ; 156 - 1).

Mais ils n'arrivaient à rien (156 - 2).

Un jour, il faudrait noter ce que deviennent plus tard les forts-en-thème (traduction par le passif, 156 - 6,7).

Dans la vie, tout cela ne compte presque plus (156 - 23,24).

Allemagne, Allemagne, on peut passer l'éponge sur tout, mais (156 - 24,25)...

NEAPEL SEHEN*

Kurt Marti (1921 geboren)

Der Schweizer Schriftsteller Kurt Marti ist 1921 in Bern als Sohn eines Notars geboren. Er studierte Jura und Theologie und lebt als Pfarrer in Bern. Seine zahlreichen Gedichte, vor allem jene in der Berner Mundart, sind über die Grenzen hinaus bekannt geworden und bildeten den Anstoß zu einer Wiederbelebung der schweizerdeutschen Dialektdichtung.

"Neapel sehen" ist die tragische Geschichte eines einfachen Arbeiters und dessen ambivalenter Beziehungen zu "seiner" Fabrik...

---

* Neapel sehen : Beginn eines italienischen Sprichworts ("Vedi Napoli e poi muori"), das in vielen Sprachen existiert : Neapel sehen - und sterben...

Er hatte eine Bretterwand gebaut. Die Bretterwand entfernte die Fabrik aus seinem häuslichen Blickkreis. Er haßte die Fabrik. Er haßte die Maschine, an der er arbeitete. Er haßte das Tempo der Maschine, das er selber beschleunigte. Er haßte die Hetze nach Akkordprämien, durch welche er es zu einigem Wohlstand, zu Haus und Gärtchen gebracht hatte. Er haßte seine Frau, so oft sie ihm sagte, heut nacht hast du wieder gezuckt. Er haßte sie, bis sie es nicht mehr erwähnte. Aber die
10 Hände zuckten weiter im Schlaf, zuckten im schnellen Stakkato der Arbeit. Er haßte den Arzt, der ihm sagte, Sie müssen sich schonen, Akkord ist nichts mehr für Sie. Er haßte den Meister, der ihm sagte, ich gebe dir eine andere Arbeit, Akkord ist nichts mehr für dich. Er haßte so viele verlogene Rücksicht, er wollte kein Greis sein, er wollte keinen kleineren Zahltag, denn immer war das die Hinterseite von so viel Rücksicht, ein kleinerer Zahltag. Dann wurde er krank, nach vierzig Jahren Arbeit und Haß zum ersten Mal krank. Er lag im Bett und blickte
20 zum Fenster hinaus. Er sah sein Gärtchen. Er sah den Abschluß des Gärtchens, die Bretterwand. Weiter sah er nicht. Die Fabrik sah er nicht, nur den Frühling im Gärtchen und eine Wand aus gebeizten Brettern. Bald kannst du wieder hinaus, sagte die Frau, es steht jetzt alles in Blust. Er glaubte ihr nicht. Geduld, nur Geduld sagte der Arzt, das kommt schon wieder. Er glaubte ihm nicht. Es ist ein Elend, sagte er nach drei Wochen zu seiner Frau, ich sehe immer das Gärtchen, sonst nichts, nur das Gärtchen, das ist mir zu langweilig, immer
30 dasselbe Gärtchen, nehmt einmal zwei Bretter aus dieser verdammten Wand, damit ich was anderes sehe. Die Frau erschrak. Sie lief zum Nachbarn. Der Nachbar

Bretterwand: Wand aus Holz
entfernte: verdeckte □ **häuslichen Blickkreis:** was von seinem
Haus aus zu sehen war □ **haßte** ≠ liebte
Tempo: Geschwindigkeit
beschleunigte: schneller machen konnte □ **Hetze:** Suche □
Akkordprämien: mehr Geld für mehr Arbeit □ **einigem**
Wohlstand: ein wenig Reichtum □ **gebracht:** erreicht
so oft: jedes Mal wenn □ **heut:** heute □ **gezuckt:** dich kurz
und immer wieder bewegt □ **erwähnte:** sagte

Stakkato: kurze, schnelle Bewegung, wie ein kurzer Ton
schonen ≠ anstrengen □ **Akkord:** schnelle Arbeit
Meister: Chef

verlogene: falsche □ **Rücksicht:** achtgeben auf □ **Greis:** alter
Mann □ **Zahltag:** Tag, an dem er sein Geld bekommt
Hinterseite: Nachteil

Haß ≠ Liebe □ **lag** < liegen: war □ **blickte:** sah
Gärtchen: kleiner Garten
Abschluß: Ende □ **weiter:** mehr

gebeizten Brettern: braun gefärbtem Holz
hinaus: hinausgehen
Blust: alles blüht □ **Geduld:** er kann warten, er hat G.

es ist ein Elend: es ist sehr traurig
sonst nichts: nichts anderes
langweilig ≠ interessant

verdammten: schrecklichen, dummen □ **was:** etwas
erschrak < erschrecken: Angst bekommen

kam und löste zwei Bretter aus der Wand. Der Kranke sah durch die Lücke hindurch, sah einen Teil der Fabrik. Nach einer Woche beklagte er sich, ich sehe immer das gleiche Stück Fabrik, das lenkt mich zu wenig ab. Der Nachbar kam und legte die Bretterwand zur Hälfte nieder. Zärtlich ruhte der Blick des Kranken auf seiner Fabrik, verfolgte das Spiel des Rauches über dem Schlot, das Ein und Aus der Autos im Hof, das Ein des Menschenstromes am Morgen, das Aus am Abend.
10 Nach vierzehn Tagen befahl er, die stehengebliebene Hälfte der Wand zu entfernen. Ich sehe unsere Büros nie und auch die Kantine nicht, beklagte er sich. Der Nachbar kam und tat, wie er wünschte. Als er die Büros sah, die Kantine und so das gesamte Fabrikareal, entspannte ein Lächeln die Züge des Kranken. Er starb nach einigen Tagen.

löste: nahm □ **Bretter**: flache Holzstücke

Lücke: Loch □ **Teil**: Stück

beklagte: war nicht zufrieden und sagte es, jammerte

lenkt...ab: bringt mir zu wenig Abwechslung

legte nieder: entfernte, demontierte

zärtlich: liebevoll □ **ruhte der Blick**: sah er

verfolgte: sah, beobachtete □ **Schlot**: der Rauch kommt aus dem S. □ **Ein und Aus**: Kommen und Wegfahren

Menschenstromes: Leute

befahl < befehlen: kommandierte □ **stehengebliebene**: den Rest

tat < tun: machte

gesamte: ganze □ **Fabrikareal**: Die Fabrik mit dem Grundstück □ **entspannte**: löste, machte locker (≠ fest) □ **Züge**: Gesicht □ **starb** < sterben: war tot □ **einigen**: ein paar

Grammaire au fil des nouvelles

Traduisez les phrases suivantes inspirées du texte (le premier chiffre renvoie à la page, les suivants aux lignes) :

Il détestait cette usine et cette machine sur laquelle il travaillait (pronom relatif, 160 - 3,4).

Il avait réussi à s'acheter une maison et un petit jardin (*es bringen zu*, 160 - 6,7).

Mais ses mains continuaient à bouger, la nuit, dans son sommeil (traduction de "continuer à", 160 - 9,10).

Alors il tomba malade (160 - 18).

Il était dans son lit et regardait par la fenêtre (traduction de "était" et de "regarder par", 160 - 19,20).

Il ne la croyait pas (régime du verbe, 160 - 25).

Je vois toujours le jardinet, rien d'autre, seulement le jardinet (traduction de "rien d'autre" et de "seulement", 160 - 28,29).

Le malade regarda à travers le trou et vit une partie de l'usine (adjectif substantivé ; "à travers", 162 - 1,2).

Une semaine après (162 - 3)...

Cela me change trop peu les idées (162 - 4).

Après quinze jours, il ordonna de retirer l'autre moitié du mur (proposition infinitive, 162 - 10,11).

DER RUHM*

Eugen Roth (1895-1976)

Eugen Roth wurde 1895 in München geboren, studierte Germanistik, Geschichte, Kunstgeschichte und Philosophie und wurde zu Beginn des Ersten Weltkrieges schwer verletzt.

Ab 1933 lebte Eugen Roth in seiner Heimatstadt als freier Schriftsteller, wo er 1976 gestorben ist.

Während seine ernste Lyrik unbeachtet blieb, errang er mit seinem satirisch-humorvollen Versbuch "Ein Mensch" großen Erfolg. In seinen Erzählungen beschäftigt sich Eugen Roth oft mit dem Schicksal und der Welt des Kindes und des Tieres.

In der Geschichte "Der Ruhm" jedoch, handelt es sich um die Hoffnungen und Träume eines alten Künstlers...

* Ruhm: *gloire*.

Georg Steinicke, der gemütvolle Inhaber einer Künstlerkneipe im Norden der Stadt München, im berühmten
Schwabing also, bekam eines Tages ein Schreiben, darin
sich, voll Überhebung und Armseligkeit zugleich, ein
Sänger erbot, gegen eine entsprechende Vergütung aufzutreten, was man ihm um so weniger abschlagen dürfe, als
er, wie ja auf dem Kopfbogen seines Briefes gedruckt zu
lesen sei, sich durch Gastspiele in Nabburg, Ingolstadt, ja
selbst in Ulm an der Donau einen Namen gemacht hätte.
10 Zeitungsausschnitte, die seinen vollen Erfolg bestätigen,
wolle er auf Wunsch gern vorlegen.

Der Wirt ließ, zuerst mehr des Spaßes halber, den Sänger
kommen, und fand in ihm einen angenehmen,
weißhaarigen Greis, von Not heimgesucht, aber nicht
gebrochen, ja, in aller Großsprecherei von einer geradezu
edlen, kindlichen Einfalt, einem Vertrauen in die guten
Kräfte der Welt, daß er ihn nicht zu enttäuschen wagte,
sondern ihm erlaubte, ungeprüft sich am nächsten Samstag
einzufinden. Er wußte, daß in vorgerückter Stunde, bei
20 heiterer Stimmung seine Gäste es mit den Darbietungen
nicht mehr allzu genau nahmen, ja, daß oft genug aus ihrer
Mitte einer auf die Bretter stieg, um ohne allzu viel
Anspruch etwas vorzutragen; warum sollte er nicht auch
dem alten Herrn das Vergnügen machen, ein bißchen
mitzutun. Ein Schoppen Wein und ein paar Mark als
Ehrensold würden schließlich auch die Welt nicht ausma-
chen.

Der Sänger freilich sah die Sache bedeutend ernsthafter
an, feierlich erschien er in seinem abgetragenen Frack,
30 verging schier in Lampenfieber und zugleich in Begierde,
vor die zahlreiche, wohlgelaunte Hörerschaft zu treten,
unter der gerade heute neben Kunstjüngern, Studenten und

166

gemütvolle: sympathische □ **Inhaber**: Besitzer □ **Künstlerkneipe**: Artistencafé □ **berühmten**: bekannten

eines Tages: einmal □ **Schreiben**: Brief □ **darin**: wo **Überhebung**: Stolz, Sicherheit □ **Armseligkeit** ≠ Größe **erbot**: bereit erklärte □ **entsprechende**: gute, angemessene □ **Vergütung**: Bezahlung □ **aufzutreten**: zu singen □ **abschlagen**: "nein" sagen □ **ja**: denn □ **Kopfbogen**: Beginn □ **gedruckt**: *imprimé* □ **Gastspiele**: Tourneen

selbst: sogar, auch

Zeitungsausschnitte: Artikel aus der Zeitung □ **Erfolg**: *succès* □ **bestätigen**: zeigen, beweisen □ **vorlegen**: bringen, zeigen

Wirt: Besitzer der Kneipe □ **des...halber**: um sich zu amüsieren **angenehmen**: netten, sympathischen

Greis: alten Mann □ **von Not heimgesucht**: der sehr arm war **gebrochen**: mutlos, traurig □ **Großsprecherei**: er spricht zuviel □ **geradezu**: wirklich □ **kindlichen Einfalt**: Naivität □ **Vertrauen**: Glauben □ **Kräfte**: Mächte, Stärken □ **enttäuschen wagte**: traurig machen wollte □ **sondern**: aber □ **erlaubte** ≠ verbot □ **ungeprüft**: unkontrolliert □ **einzufinden**: zu kommen □ **vorgerückter**: später **heiterer Stimmung**: Fröhlichkeit □ **Darbietungen**: Vorstellungen **allzu**: zu sehr □ **genau nahmen**: kritisch waren □ **aus...einer**: einer von ihnen □ **Bretter**: Bühne, *scène*

Anspruch: Ambition □ **vorzutragen**: zu singen oder zu spielen **Vergnügen**: Freude

mitzutun: auch zu singen (spielen) □ **Schoppen**: großes Glas **Ehrensold**: Bezahlung □ **würden...ausmachen**: wären nicht zu viel

freilich: jedoch, aber □ **bedeutend**: viel □ **ernsthafter**: seriöser **feierlich**: festlich □ **erschien**: kam □ **abgetragenen**: alten □ **Frack**: *frac, habit* □ **verging...Lampenfieber**: starb fast vor Angst □ **Begierde**: Lust □ **zahlreiche**: große □ **wohlgelaunte Hörerschaft**: fröhlichen Leute in der Kneipe □ **Kunstjüngern**: *adeptes de l'art*

kleinen Mädchen ein paar ältere Männer saßen, erfolgreiche, berühmt gewordene, die an diesem Abend nichts
wollten, als kindlich vergnügt sein und die — gerade, als der
alte Mann auf die Bühne trat und zu singen anhob — die
ersten Gläser anklingen ließen. Ein Gott mochte ihm
eingegeben haben, daß er nicht, wie er es vorgehabt, eine
Löweballade sang, auch nicht der » Lenz « von Hildach
oder sonst ein verschollenes Paradestück, sondern ein
italienisches Lied, ein Volkslied : » O si o no... «. Er sang es
10 nicht gut, besser konnte er es nicht. Er gab es zum besten,
wie man so sagt, und zum besten hielten ihn nun auch die
Zuhörer in ihrer tollen Laune ; sie dankten ihm mit einem
reichen, einem stürmischen, einem tobenden und tosenden
Beifall.

Aber der Sänger war glücklich ! In seinem Kindergemüt
stieg nicht der leiseste Verdacht auf, dieser Jubel könnte
nicht echt sein ; er verneigte sich, lächelte, ja er leuchtete vor
Dankbarkeit. Die Menschen drunten spürten diesen
wahrhaften Widerschein ihres Spottlobs, es rührte sie
20 geheimnisvoll an, wie selig der Greis da oben war, und als
er nun nochmals sang und ein drittes Mal, da war keiner
unter den Gästen, der dem Alten hätte wehtun wollen. Sie
rührten ihre Hände kräftig, es war nun schon wirkliche
Anerkennung in ihrem Zuruf, ja einer der Herren von dem
Tisch der Berühmten hielt eine kleine witzige Ansprache,
eine herzliche Begrüßung bot er dem neuen, dem spät
entdeckten Maestro. Er legte, taktvoll genug, einen
Geldschein auf einen Teller, andere taten das Ihre dazu, und
der Herr überreichte die kleine Summe dem Sänger, der nun
30 seinerseits das Wort ergriff, um das hohe künstlerische
Verständnis zu rühmen, das ihm, wie nicht anders zu
erwarten war, der feinsinnige Kreis edler Menschen

ältere: ziemlich alte ☐ **erfolgreiche:** die viel Erfolg hatten

kindlich: wie Kinder ☐ **vergnügt:** lustig, fröhlich ☐ **gerade:** im
Moment ☐ **trat** < **treten:** kam ☐ **anhob** < anheben: begann
anklingen: anstoßen ☐ **mochte:** hatte vielleicht
eingegeben: die Idee gegeben ☐ **vorgehabt:** vorher wollte
Löweballade: Ballade von Löwe ☐ **Lenz:** Frühling
sonst: ein anderes ☐ **verschollenes:** vergessenes, unbekanntes

gab es zum besten: trug es vor, sang es
zum besten hielten: machten sich lustig über, lachten über ☐ **nun:**
jetzt ☐ **tollen:** sehr guten ☐ **Laune:** *humeur*
stürmischen = tobenden = tosenden: sehr starken
Beifall: Applaus
Kindergemüt: Herz wie ein Kind
stieg auf: kam ☐ **leiseste:** kleinste ☐ **Verdacht:** Frage, Argwohn
☐ **Jubel:** Applaus ☐ **echt:** wirklich ☐ **verneigte:** beugte den Kopf
Dankbarkeit: Dank ☐ **drunten:** unten ☐ **spürten:** fühlten
wahrhaften: echten ☐ **Widerschein:** Echo ☐ **Spottlobs:** ironischen
Beifalls ☐ **geheimnisvoll:** sonderbar, seltsam ☐ **selig:** glücklich

unter: bei ☐ **wehtun:** traurig machen
rührten: bewegten, applaudierten ☐ **kräftig:** stark, sehr
Anerkennung: Bewunderung ☐ **Zuruf:** Rufen
witzige: voll Esprit, lustige ☐ **Ansprache:** Rede
herzliche: freundliche ☐ **Begrüßung:** Gruß ☐ **bot** < bieten
entdeckten: gefundenen ☐ **taktvoll:** diskret
Geldschein: Papiergeld, Banknote ☐ **taten:** legten ☐ **dazu:** auf den
Teller ☐ **überreichte:** gab
seinerseits: selbst ☐ **das...ergriff:** zu sprechen begann ☐ **künstlerische:** artistische ☐ **Verständnis:** Intelligenz, Kenntnis ☐ **rühmen:**
loben, betonen ☐ **feinsinnige:** edle, noble

169

entgegengebracht. Für das Geld aber danke er vor allem im Namen seiner Frau.

In diesem Augenblick sahen alle, die sehen konnten, die bittere Not, die hinter diesen Worten stand; sie sahen, wie schäbig sein Frack war, wie hohlwangig und vergrämt er selber erschien unter dem flüchtigen Glanz seiner Freude. Und da schämte sich mancher, daß er nicht eine Mark mehr auf den Teller gelegt hatte.

Nur einem hohen Einverständnis Fortunas ist das Gelingen einer solchen Spannung zu danken. Es steht auf Messers Schneide, und der wilde Übermut einer heiteren Gesellschaft weidet sich in mitleidlosem Gelächter an der Verwirrung und Scham eines hilflosen Alten, der sich vermessen hat, ihr Urteil herauszufordern. Die Musik der Herzen aber, die hier so schön erklang, daß sie den bescheidenen, ja mangelhaften Gesang des alten Mannes übertönte, kam aus dem kindhaft reinen Ton seiner Seele, einem unbeirrt tapferen Ton, an dem sich der ganze Chor, wenn wir so sagen wollen, hielt, da er schon falsch singen wollte.

Der greise Sänger jedenfalls ging an diesem Abend heim in der schönsten, in der seligsten Täuschung seines Lebens. In dem feurigen Bericht, den er spät noch seiner kummervoll und ungläubig wachenden Frau gab, vermischten sich die bescheidenen Erfolge seiner mühseligen Laufbahn, die vermeintlichen Siege von Nabburg, Ingolstadt und Ulm an der Donau mit dem späten, aber noch nicht allzu späten Triumph in der Hauptstadt selbst; und an diesen ersten Schritt auf einer ihrer kleinsten, aber erlesensten Bühnen knüpfte er die verwegensten Hoffnungen, als stünde er am Anfang seines Weges und nicht am Ende.

entgegengebracht: gezeigt hatte □ **danke**: er sagte, daß er danke

Augenblick: Moment
bittere Not: große Armut □ **stand** < stehen: war
schäbig: alt □ **hohlwangig**: mager ≠ dick □ **vergrämt**: traurig
erschien: zu sehen war □ **flüchtigen**: kurzen □ **Glanz**: Licht
schämte: *avait honte* □ **mancher**: einige

Einverständnis: Zusage, *accord* □ **Fortunas**: des Glückes
Gelingen: Erfolg □ **Spannung**: *tension* □ **steht...Schneide**: ist sehr
gefährlich □ **wilde Übermut**: zu große Fröhlichkeit □ **heiteren**
Gesellschaft: fröhlichen Versammlung □ **weidet**: freut □ **in...**
Gelächter: unter bösem Lachen □ **Verwirrung**: Unruhe □ **Scham**:
honte □ **vermessen**: gewagt □ **ihr...herauszufordern**: sie zu
provozieren □ **erklang**: zu hören war
bescheidenen: armseligen, kleinen □ **mangelhaften** ≠ vollkommenen,
perfekten □ **übertönte**: lauter war □ **kindhaft**: kindlich □ **Seele**:
Herzens □ **unbeirrt**: sicheren □ **tapferen**: mutigen, starken
hielt: orientierte □ **da**: als

greise: sehr alte □ **jedenfalls**: aber □ **heim**: nach Hause
seligsten: glücklichsten □ **Täuschung**: Illusion
feurigen: begeisterten, glücklichen □ **Bericht**: Erzählung, Infor-
mation □ **kummervoll**: ängstlich, traurig □ **wachenden** ≠
schlafenden □ **mühseligen**: schwierigen
Laufbahn: Karriere □ **vermeintlichen**: illusorischen □ **Siege**:
Triumphe

Schritt: Anfang
erlesensten: besten □ **knüpfte**: verband, hing □ **verwegensten**
Hoffnungen: tollsten Ideen □ **stünde**: würde stehen

Er stand aber näher an des Grabes Rand, als er selbst wußte; und dies war sein letztes und volles Glück. Denn wenn es schon eine Gunst der Stunde war, daß einmal solche Verwandlung gelang, wie müssen wir fürchten, daß bei einem zweiten, einem dritten Auftreten der schöne Wahn zerreißen muß! Und doch: Das Unwahrscheinliche wurde noch einmal möglich und noch einmal. Der Kreis der Stammgäste, wie in einem stillen Einverständnis, dem alten Manne seine Freude zu lassen, zog einen schützenden Ring
10 um ihn, und als einmal ein angeheiterter Neuling roh diesen Bann sprengen wollte, ward er empfindlich zurechtgewiesen. Und doch drohte dem Gefeierten gerade von seinen Freunden das vernichtende Unheil: Durch seine Sicherheit, die durch nichts mehr zu erschüttern schien, kühn und sorglos gemacht, gedachten sie bei nächster Gelegenheit das gewagte Spiel auf die Spitze zu treiben. Mit Lorbeerkränzen, Ansprachen und Ehrungen ungeheuerlichster Art wollten sie den siebzigsten Geburtstag begehen und hatten, alles noch in der besten Absicht, für ihren Schabernack
20 gerüstet. Sie warteten jedoch an diesem Abend vergeblich, der Jubilar blieb aus.

Wie der Wirt anderntags erfuhr und es bei nächster Zusammenkunft seinen Gästen mitteilte, war der Greis, schon im Frack und zum Gange zu seinem Ehrenabend gerüstet, vom Schlage getroffen worden, gerade als er auf den sechsten und letzten Briefkopf, den er noch besaß, mit schöner, zierlicher Hand unter die Anpreisungen verschollener Gastreisen geschrieben hatte: » Mitglied der Schwabinger Künstlerspiele « — als wäre damit ein Ziel erreicht,
30 wert und überwert der Mühsale und Opfer, der Demütigungen und Entbehrungen eines siebzigjährigen Lebens.

an...Rand: dem Tod

dies: das

Gunst: Geschenk

Verwandlung: Änderung, Metamorphose □ **gelang** < **gelingen**: sich realisieren □ **Auftreten**: Abend auf der Bühne

Wahn: Illusion □ **Unwahrscheinliche**: Unglaubliche, Unrealistische

Stammgäste: S. kommen immer in dieselbe Kneipe

zog < **ziehen**: machen □ **schützenden Ring**: Bastion

angeheiterter: alkoholisierter, betrunkener □ **Neuling**: Gast □ **roh**: böse □ **Bann**: Schutz, Ring □ **sprengen**: kaputt machen □ **ward... zurechtgewiesen**: wurde er kritisiert □ **drohte**: kam die Gefahr □ **vernichtende**: destruktive □ **Unheil**: Unglück

erschüttern: unsicher machen □ **kühn**: mutig, tapfer

sorglos: ohne Angst □ **gedachten**: wollten □ **bei...Gelegenheit**: sehr bald □ **gewagte**: gefährliche □ **auf...treiben**: den Höhepunkt zu erreichen □ **Lorbeerkränzen**: *couronnes de laurier* □ **ungeheuerlichster Art**: unvorstellbar □ **begehen**: feiern

Absicht: Willen □ **Schabernack**: Spaß, Dummheit, Streich

gerüstet: vorbereitet □ **vergeblich**: umsonst, ohne Resultat

Jubilar: gefeierte Mann □ **blieb aus**: kam nicht

anderntags: am nächsten Tag □ **erfuhr**: informiert wurde

Zusammenkunft: Treffen □ **mitteilte**: sagte

Gange: Weg

vom...getroffen: plötzlich gestorben □ **gerade**: im Augenblick

Briefkopf: Briefpapier □ **besaß** < **besitzen**: hatte

zierlicher: kleiner, zarter □ **Anpreisungen**: Reklame □ **verschollener**: alter □ **Mitglied**: *membre*

als wäre: als ob...wäre □ **damit**: so □ **ein...erreicht**: Resultat gefunden □ **überwert**: mehr als wert □ **Mühsale...Opfer**: Probleme □ **Demütigungen**: *humiliations* □ **Entbehrungen**: Mangel, Not, Armut

Grammaire au fil des nouvelles

Traduisez les phrases suivantes inspirées du texte (le premier chiffre renvoie à la page, les suivants aux lignes) :

Il s'était fait un nom à Ingolstadt et à Ulm (compléments de lieu, 166 - 9).

Le propriétaire fit venir le chanteur (traduction de "faire" suivi d'un infinitif, 166 - 12,13).

Le chanteur cependant voyait la chose sous un angle beaucoup plus sérieux (comparatif, 166 - 28).

Au moment où le vieil homme entra en scène (168 - 3,4)...

Le public se moqua de lui (expression idiomatique, 168 - 11).

Ils le remerciaient par des applaudissements fougueux (régime du verbe, 168 - 12,13).

Il n'eut pas le moindre soupçon (168 - 16)...

Personne parmi les hôtes n'aurait voulu blesser le vieillard (subjonctif 2 passé et double infinitif, 168 - 21,22).

Il posa un billet de banque sur une assiette (traduction du verbe "poser", 168 - 27,28).

Il prit la parole pour vanter leur goût artistique (168 - 30).

Ce soir-là, le chanteur âgé rentra à la maison, bercé d'illusions (complément de temps ; traduction de "à la maison", 170 - 21,22).

...comme s'il se trouvait au début du chemin et non à sa fin (subjonctif 2 présent irrégulier ; génitif, 170 - 31,32).

La chose invraisemblable se réalisa (adjectif substantivé ; *wurde möglich*, 172 - 6,7).

Ils voulurent fêter son soixante-dixième anniversaire (nombre ordinal, 172 - 18).

...comme s'il avait ainsi atteint un but, digne de tous les sacrifices consentis sa vie durant (traduction de "comme si" ; emploi du subjonctif 2 passé, 172 - 29,30,31).

POPP UND MINGEL*

Marie-Louise Kaschnitz (1901-1974)

Marie-Louise Kaschnitz ist 1901 in Karlsruhe geboren. Sie war gelernte Buchhändlerin und lebte unter anderem längere Zeit in Rom, dann in Frankfurt am Main, wo sie 1974 starb. Nach dem Zweiten Weltkrieg wurde sie vor allem als Lyrikerin bekannt, schrieb aber dann auch Hörspiele und Erzählungen, in denen sie zeigt, wie sehr plötzliche Erkenntnisse das Leben eines Menschen verändern können.

In "Popp und Mingel" erzählt uns ein "Schlüsselkind", wie es aus der einsamen Wirklichkeit in eine glückliche Phantasiewelt flüchten konnte. Aber leider nimmt dieses Glück ein jähes Ende...

* Popp und Mingel sind zwei erfundene Vornamen für den Vater und die Mutter des Kindes.

Noch immer fragen sie mich alle, wie das gekommen sei, neulich, am Tag vor Allerseelen, und warum ich das getan hätte. Sie sagen, es sei doch nicht das erste Mal gewesen, daß ich ein paar Stunden allein in der Wohnung war, ich müßte das doch gewöhnt sein, und es sei zwar ein dunkler Tag gewesen, aber doch kein besonders unfreundlicher, und ich hätte doch auch etwas zu essen vorgefunden, Bratkartoffeln und sogar ein Stück Wurst. Von dem Stück Wurst spricht meine Mutter immer wieder, wenn die Rede auf diesen

10 Unglückstag kommt, was jetzt noch ziemlich oft geschieht, und sie betont dann jedesmal, was für eine feine Wurst das gewesen sei, Kalbsleberwurst, sagt sie, zu einer Mark fünfzig das Viertelpfund, und in einer Tüte auf dem Küchenbüfett seien auch noch zwei Äpfel und eine Banane und ein paar Pfeffernüsse gewesen, und ich hätte doch immer von allem nehmen dürfen, niemand hätte mir deswegen jemals einen Vorwurf gemacht. Außerdem begreifen sie nicht, warum ich, wenn ich etwa Angst gehabt hätte so allein, nicht einfach wieder fortgegangen wäre ; auf

20 den Hof oder zu den Kindern im Parterre und sogar ins Kino hätte ich gehen dürfen, im Alhambra an der Ecke sei ein jugendfreier Film gelaufen, Taschengeld hätte ich ja genug, und sie hätten auch nichts dagegen gehabt.

Ja, natürlich, alles das hätte ich tun können, und ich hätte mich auch ins Bett legen können und schlafen, bis die Eltern von der Arbeit nach Hause kamen. Denn ich war ja an dem Nachmittag sehr müde, ich erinnere mich ganz deutlich, daß ich auf der Treppe ein paarmal gegähnt und mir dabei mit der Hand ganz rasch hintereinander auf den Mund

30 geschlagen habe, wobei man eine Reihe von komischen Tönen hervorbringen kann. Das Treppenhaus war ziemlich dunkel, wie immer um diese Jahreszeit, nur die Nixe in der

gekommen sei: passiert sei (indirekte Rede)
neulich: vor ein paar Tagen □ **Allerseelen**: 2. November

ein paar: einige ≠ ein Paar: zwei
gewöhnt: weil es immer so war □ **zwar**: es stimmt, natürlich
besonders: speziell
etwas...vorgefunden: war...da □ **Bratkartoffeln**: *pommes de terre
sautées* □ **sogar**: auch
die Rede auf...kommt: man von...spricht
Unglückstag: Tag an dem ein Unfall passiert ist □ **geschieht**:
vorkommt □ **betont**: sagt es laut, weil es wichtig ist □ **was für eine**:
welche □ **Kalbsleberwurst**: *pâté de foie de veau*
Viertelpfund: 125 g □ **Tüte**: Sack aus Papier oder Plastik

Pfeffernüsse: *petits pains d'épice*
dürfen: das Recht haben
deswegen: aus diesem Grund □ **jemals**: einmal □ **Vorwurf
gemacht**: geschimpft □ **begreifen**: verstehen □ **etwa**: vielleicht

Hof: der Hof ist von Hausmauern umgeben □ **Parterre**: unter dem
1. Stock ist das P. □ **Ecke**: 2 Mauern bilden eine Ecke
jugendfreier: für Kinder nicht verbotener □ **gelaufen**: gespielt
worden □ **hätten...gehabt**: wären einverstanden gewesen

ja: wirklich
müde ≠ frisch □ **deutlich**: präzise
Treppe: Stiege, Stufen im Haus □ **ein paarmal**: einige Male □
gegähnt: den Mund vor Müdigkeit weit aufgemacht □ **rasch**:
schnell □ **wobei**: und gleichzeitig □ **e. Reihe v.**: viele □ **komischen**:
sonderbaren □ **Tönen**: Lauten □ **hervorbringen**: machen
Jahreszeit: Saison □ **Nixe**: *sirène*

Buntglasscheibe hat noch ein bißchen geleuchtet, so etwas hat man jetzt nicht mehr, aber unseres ist ein altes Haus. Es war auch ganz still, keiner, der hinauf- oder hinunterging, nur hinter der Tür rechts im zweiten Stock hat der Hund geknurrt. Du Scheißhündchen, habe ich gesagt, du Druckshündchen, ganz leise, weil ich weiß, daß ihn das am meisten ärgert, und dann habe ich recht laut Wauwauwau gerufen und bin schnell weiter die Treppe hinaufgerannt, weil das ein furchtbar häßlicher, riesengroßer Hund ist, der
10 sich unter Umständen aufrichten und die Türklinke herunterdrücken kann. An dem Tag ist er aber nicht aufgesprungen und hat auch nicht gebellt und gleich aufgehört zu knurren, und ich weiß noch, daß mir das nicht gefallen hat. Also habe ich wieder gegähnt und bin langsamer gegangen und habe dabei meine Jacke aufge-knöpft und den Hausschlüssel herausgezogen, den meine Mutter mir morgens an einem Wäscheband um den Hals hängt, obwohl ich ihn natürlich genausogut in die Hosentasche stecken könnte. Während ich aufgeschlossen
20 habe und in den Flur getreten bin, habe ich gemerkt, daß es schlecht gerochen hat, und ich habe mir schon gedacht, daß wahrscheinlich wieder einmal niemand Zeit gehabt hat, die Betten zu machen vor dem Weggehen, und so war es auch, und das Frühstücksgeschirr hat noch auf dem Tisch gestanden, sogar die Butter und das Brot. Also habe ich zuerst die Butter in den Kühlschrank getan, und dann bin ich ins Schlafzimmer gegangen und habe die Leintücher ein bißchen zurechtgezogen und die Steppdecken darüber gelegt, weil ich weiß, daß mein Vater sich jedesmal ärgert,
30 wenn er nach Hause kommt und es so unordentlich aussieht. Es hat auch schon ein paarmal Streit gegeben deswegen, und mein Vater, der sehr nervös ist, hat

178

Buntglasscheibe: Fenster mit vielen Farben □ **ein bißchen:** ein wenig □ **unseres:** unser Haus

still: ruhig □ **hinauf-:** hinaufging

Hund: ein Haustier

geknurrt: war böse (*grogné*) □ **Scheißhündchen:** *chien de m...*

Dr256shündchen: häßlicher, schmutziger, kleiner Hund

ärgert ≠ freut □ **recht:** sehr

hinaufgerannt: nach oben gelaufen

furchtbar: sehr □ **häßlicher** ≠ schöner □ **riesengroßer:** sehr großer

unter Umständen: eventuell □ **aufrichten:** strecken □ **Türklinke:** *bec-de-cane* □ **herunterdrücken:** um die Tür aufzumachen

aufgesprungen: in die Höhe gesprungen □ **gebellt:** ein Hund bellt

aufgehört: nicht mehr...

gefallen hat: gut fand

dabei: gleichzeitig □ **aufgeknöpft:** die Knöpfe aufgemacht

herausgezogen: aus der Jacke genommen

morgens: am Morgen □ **Wäscheband:** *extra-fort* □ **Hals:** zwischen Kopf und Schultern ist der Hals □ **genausogut:** ebenso

stecken: hineintun □ **aufgeschlossen:** die Tür aufgemacht

Flur: Vorraum □ **getreten:** gegangen □ **gemerkt:** bemerkt

gerochen < riechen: *sentir*

wahrscheinlich: sicher

vor dem Weggehen: bevor sie fortgegangen sind

Frühstücksgeschirr: Tassen, Löffel, Messer...

sogar: auch

getan < tun: stellen

Leintücher: Bettücher

zurechtgezogen: glatt gemacht □ **Steppdecken:** *couettes*

ärgert: böse oder unzufrieden ist

unordentlich ≠ aufgeräumt

ein paarmal: mehrere Male □ **Streit:** *querelles*

deswegen: aus diesem Grund □ **nervös** ≠ ruhig

geschrien, aber meine Mutter hat nur gelacht und gesagt, ich kann ja auch zu Hause bleiben, und du wirst schon sehen, wie das ist, wenn sie uns die Musiktruhe und den Kühlschrank wieder wegholen, und wer hat durchaus den Wagen haben wollen, ich oder du? Und dann ist sie ganz freundlich geworden und hat meinen Vater gestreichelt und mich auch und hat gesagt, daß wir, wenn der Wagen erst da ist, alle drei zusammen in den Wald fahren werden und dort picknicken und » Verwechselt das Bäumchen « spielen und
10 mit dem Fußball ihretwegen auch. Aber dazu ist es nie gekommen, weil sie, als sie den Wagen endlich gehabt haben, immer Freunde mitgenommen haben, Erwachsene, die keinen Schritt zu Fuß gehen wollten, und die Waldwege waren für die Autos gesperrt. Ich war aber darüber nicht sehr traurig, weil mir im Auto oft schlecht geworden ist. Ich habe mir nur immer gewünscht, daß meine Mutter wieder einmal krank wird, wie damals, als sie den schlimmen Fuß hatte, und ich ihr die Arnikaumschläge gemacht und den Kaffee ans Bett gebracht habe, und ich habe mir oft
20 überlegt, wie ich es hinbringen könnte, daß sie sich einmal richtig den Magen verdirbt. Aber sie hat sich nie den Magen verdorben und immer ganz rosig ausgesehen, und sie hat auch oft gesagt, daß es ihr Spaß macht, ins Büro zu gehen, weil sie da unter Menschen wäre und weil sie es so langweilig fände, den ganzen Tag zu Hause zu sein. Sie ist auch gar nicht sehr müde am Abend und immer bereit, noch mit meinem Vater in ein Kino zu gehen. Nur die Gesellschafts- spiele mag sie nicht, und das Vorlesen sagt sie, strengt sie an, weil sie den ganzen Tag Gedrucktes und Geschriebenes
30 vor Augen hat, und ich solle nur meine Bücher allein lesen, ich wäre ja jetzt schon ein großer Junge. Ich bin auch schon groß, und natürlich kann ich meine Bücher allein lesen, und

geschrien < schreien

ja: natürlich □ **schon**: dann

Musiktruhe: Möbel mit einem Radio und einem Plattenspieler

wegholen: nehmen □ **durchaus**: absolut

der **Wagen**: das Auto

freundlich: nett □ **gestreichelt**: mit der Hand über die Haare streichen □ **erst**: dann

Wald: im Wald gibt es viele Bäume

Verwechselt das Bäumchen: es gibt 5 Kinder, aber nur 4 Bäume, so findet ein Kind keinen Baum □ **ihretwegen**: eventuell □ **dazu**: daß wir in den Wald fahren und spielen □ **endlich**: am Ende

Erwachsene ≠ Kinder, Jugendliche

Schritt: ca. 50 cm □ **Waldwege**: kleine Straßen im Wald

gesperrt: verboten □ **darüber**: daß die Wege verboten waren

traurig ≠ froh □ **mir ist schlecht geworden**: ich fühlte mich nicht gut

habe gewünscht: wollte

krank ≠ gesund □ **damals**: zu dieser Zeit □ **schlimmen**: kranken

Arnikaumschläge: Verband mit Arnika, einer Heilpflanze

gebracht < bringen □ **habe mir überlegt**: habe nachgedacht

hinbringen: machen, daß

richtig: sehr stark □ **den Magen verdirbt**: sie ißt etwas Schlechtes und wird davon krank □ **rosig ausgesehen**: gute Farbe gehabt □ **ihr Spaß macht**: sie freut

unter Menschen: mit anderen Leuten □ **langweilig** ≠ unterhaltsam

fände < finden

bereit: einverstanden

Gesellschaftsspiele: Spiele, die man mit anderen Personen spielt

mag: liebt □ **Vorlesen**: etwas laut (für andere) lesen □ **strengt an**: ermüdet sie □ **Gedrucktes**: *des choses imprimées*

vor Augen hat: sieht □ **nur**: doch

ja: denn □ **Junge**: Knabe, Bub

ich habe auch immer viel Schularbeiten zu machen, nur an dem gewissen Nachmittag, da hatte ich keine, weil zwei Lehrer fehlten. Aber dafür hatte ich die Betten zuzudecken, und als ich mit den Betten fertig war, hätte ich eigentlich mein Essen aufwärmen sollen, und sicher war ich auch hungrig, sonst hätte ich nicht so viel gegähnt. Aber ich habe plötzlich keine Lust mehr gehabt und nur ein paar Kartoffeln kalt in den Mund gesteckt, und dann habe ich gleich anfangen wollen zu spielen.

10   Alle Erwachsenen haben später wissen wollen, was ich am liebsten spiele, und es wäre ihnen recht gewesen, wenn ich gesagt hätte, mit der Feuerwehrleiter oder mit dem Puppenzimmer, in dem ein winziger Adventskranz mit richtigen kleinen Kerzen hängt, kurz mit irgend etwas, das mit Feuer zu tun hat oder mit Licht. Ich habe aber gesagt, mit meinen kleinen Autos, die ihre Garage unter dem Schrank haben, und der Parkwächter ist ein kleiner Soldat in einer braunen Uniform, den ich einmal in einer Trümmergrube gefunden habe, und jedesmal, wenn mein
20 Vater ihn sieht, sagt er, schmeiß doch den verdammten SA-Mann weg. Aber ich behalte ihn, weil ich ihn gut brauchen kann und weil ich überhaupt nicht weiß, was ein verdammter SA-Mann eigentlich ist.

Natürlich habe ich an dem Nachmittag gar nicht mit meinen Autos spielen wollen, sondern mit meiner Familie, aber von der wissen meine Eltern nichts, und sie brauchen auch nichts von ihr zu erfahren, und die Lehrer auch nicht, und erst recht nicht der Arzt, den meine Eltern vor mir den Onkel Doktor nennen, obwohl sie ihn vorher nie gesehen
30 haben und ihm gegenüber immer sehr verlegen sind. So, so, mit deinen Autos hast du gespielt, hat der sogenannte Onkel Doktor gesagt und hat dabei ein merkwürdiges Gesicht

Schularbeiten: Hausaufgaben

gewissen: bestimmten, an diesem

fehlten: nicht in der Schule waren □ **dafür:** statt dessen □

zuzudecken: zu machen □ **eigentlich:** in Wirklichkeit

aufwärmen: warm machen □ **war hungrig:** hatte Hunger

sonst: andernfalls, *sinon*

plötzlich: ganz schnell □ **habe keine Lust gehabt:** wollte nicht

in den Mund gesteckt: gegessen

anfangen: beginnen

haben wissen wollen: wollten wissen

wäre ihnen recht gewesen: wollten gern hören

Feuerwehrleiter: *échelle de pompiers*

Puppenzimmer: kleines Zimmer mit Puppenmöbeln □ **winziger**

Adventskranz: *couronne de l'Avent miniature* □ **Kerzen:** *bougies*

zu tun hat: zusammenhängt

die **Garage**

Parkwächter: er bewacht den Parkplatz

die **Uniform**

Trümmergrube: großes Loch mit Müll und alten Ziegeln und
Steinen □ **schmeiß weg:** wirf weg □ **verdammten:** ganz dummen
□ **SA-Mann:** Soldat aus der Hitlerzeit (SA: Sturm-Abteilung) □
behalte ≠ werfe weg □ **überhaupt nicht:** gar nicht

sondern: aber, jedoch

Eltern: Vater und Mutter □ **brauchen:** sollen

erfahren: informiert werden

erst recht nicht: ganz sicher nicht, auf keinen Fall

Onkel: vor kleinen Kindern werden fremde Männer "Onkel"
genannt □ **gegenüber:** vis-à-vis □ **verlegen:** geniert □ **so, so:** ach,
tiens □ **sogenannte:** angebliche

dabei: gleichzeitig □ **merkwürdiges:** sonderbares

gemacht, und ich habe genickt und ihn frech angesehen und mir gedacht, was er wohl zu meiner Familie sagen würde, nämlich dazu, daß mein Vater ein alter Fußball namens Popp und meine Mutter eine komische Puppe ohne Beine namens Mingel ist und daß sie außer mir noch zwei andere Kinder haben, von denen das eine eine alte Schachfigur und das andere ein eingeschrumpfter Luftballon ist.

Diese ganze Familie halte ich in einer Schachtel in meinem Spielschrank versteckt, und wenn ich von der
10 Schule nach Hause komme, hole ich sie heraus und setze sie auf ihre Plätze, und dann gehe ich noch einmal auf den Korridor und tue so, als ob ich gerade eben erst heimkäme, und sobald ich das Zimmer betrete, bricht meine Familie in lautes fröhliches Gelächter aus. Da ist ja auch unser Jüngster, sagt Popp, der im Lehnsessel liegt und ein freundliches Vollmondgesicht macht, und Mingel sagt, komm zu mir mein Söhnchen, und streckt ihre Arme aus, aus denen das Sägemehl quillt. Wie war es heute auf der Prärie, fragt mein Bruder Harry, das Schachpferd aus
20 Elefantenzahn. Und ich sage, zünftig, und fange an zu erzählen, wie viele wilde Mustangs ich mit dem Lasso gefangen habe, und mache es so spannend, daß meine Schwester Luzia, der Luftballon, vor Aufregung zu wackeln beginnt. Jetzt mußt du aber etwas von dem guten Bärenschinken essen, sagt Mingel, und weil sie keine Beine hat, muß ich sie auf den Herd tragen, wo sie gleich anfängt, im Topf zu rühren. Inzwischen gehe ich mit meinem Bruder auf den Balkon und zeige ihm die Mondrakete, die gerade über die Häuser fliegt, und wir machen eine Wette, ob sie
30 heute endlich hinkommen oder wieder vorher ausglühen wird. Dann schreiben wir unsere Namen auf kleine Zettel, das heißt, daß wir uns freiwillig melden, mit der nächsten

genickt: mit dem Kopf "ja" gedeutet □ **frech**: *insolent*

wohl: denn

nämlich: oder besser, das heißt □ **namens**: mit dem Namen

komische: sonderbare □ **Beine**: der Mensch geht auf 2 Beinen

außer mir: mich und...

Schachfigur: *pièce d'échecs*

eingeschrumpfter: kleiner gewordener □ **Luftballon**: Ballon, den man selbst aufblasen kann □ **halte**: habe □ **Schachtel**: Karton

Spielschrank: Möbel für die Spielsachen □ **versteckt**: niemand soll sie sehen □ **hole**: nehme

tue so, als ob: *je fais comme si* □ **gerade eben**: genau jetzt □

heimkäme: nach Hause kommen würde □ **sobald**: sofort wenn □

bricht aus: beginnt □ **Gelächter**: Lachen □ **ja**: aber

Jüngster: kleinster Sohn □ **Lehnsessel**: Fauteuil

Vollmondgesicht: ein ganz rundes Gesicht, wie der Mond

Söhnchen: kleiner Sohn □ **streckt aus**: macht lange

Sägemehl: Holzstaub □ **quillt**: rinnt, fließt

Schachpferd: Schachfigur mit einem Pferdekopf

Elefantenzahn: Elfenbein □ **zünftig**: wie es sein soll

Mustangs: Präriepferde

mache: erzähle □ **spannend**: interessant

vor Aufregung: vor Unruhe □ **wackeln**: sich hin und herbewegen

Bärenschinken: *viande des Grisons*

Herd: auf dem Herd wird das Essen gekocht oder aufgewärmt

Topf: das Essen wird im T. auf den Herd gestellt □ **rühren**: mit dem Löffel rührt man im Topf □ **Mondrakete**: *fusée lunaire* □ **gerade**: jetzt □ **Wette**: es gibt 2 Meinungen, aber nur eine ist am Ende die richtige □ **ausglühen**: verbrennen

Zettel: kleine Papierstücke

freiwillig: selbst □ **melden**: auf eine Liste schreiben

Rakete auf den Mond zu fliegen. Diese Zettel verstecken wir unter einem Blumentopf, weil Popp und Mingel immer so besorgt um uns sind und so etwas gar nicht erlauben würden. Den ganzen Tag sitzen sie zu Hause und warten auf uns, und wenn wir vom Balkon hereinkommen, fragen sie gleich, ob es nicht neblig draußen sei und ob wir uns auch nicht erkältet hätten. Ach, woher denn, sagen wir mit ganz rauher Stimme, erkältet, und setzen uns an den Tisch, und ich necke meine Schwester und sage, daß sie immer dünner
10 wird und an Farbe verliert. Laß sie in Ruhe, sagt Popp, und dann überlegen wir uns, was wir jetzt machen wollen, und ich hole das Wettrennspiel aus dem Schrank.

Bei diesem Wettrennspiel will Mingel immer das weiße Pferd haben, aber sie hat nie Glück mit dem Würfeln, und ich muß es manchmal durch etwas Mogeln so einrichten, daß sie auch einmal gewinnt. Popp ist es egal, ob er gewinnt oder nicht, er ist immer rund und guter Laune, und sobald das Spiel zu Ende ist, rollt er in seinem Sessel herum und sagt, Mingel, wenn wir unsere Kinder nicht hätten. Und
20 dann fängt Mingel ein bißchen an zu weinen, weil sie so rührselig ist, und Luzia muß sie trösten und mit ihr über die Weihnachtsplätzchen sprechen.

So war das alle Tage, wenn ich von der Schule nach Hause gekommen bin, und man wird ja verstehen, daß ich da nicht auf den Hof wollte oder zu den Kindern im Parterre, die so frech sind und sich fortwährend streiten und zu jedem Ding Scheiße und Bockmist sagen, ganz egal, was es ist. Und natürlich wollte ich auch nicht zu den Jungens, die immer zu meinem Fenster heraufpfeifen und höhnische
30 Gesichter machen, weil ich nicht in ihre Bande eintrete und weil sie glauben, daß ich zu fein oder zu feige dazu bin. Ich bin aber gar nicht zu feige, ich habe nur bisher keine Lust

verstecken: niemand soll sie sehen

Blumentopf: Blumen oder Pflanzen wachsen in einem Topf mit Erde □ **besorgt:** ängstlich □ **erlauben** ≠ verbieten

es ist neblig : das Wetter ist feucht und trübe, man sieht nichts □

uns erkältet hätten: krank geworden seien □ **woher denn:** gar nicht

rauher ≠ klarer

necke: halte zum besten, *taquiner* □ **dünner** ≠ dicker

an Farbe verliert: heller, blasser wird

überlegen wir uns: denken wir nach

Wettrennspiel: *jeu des petits chevaux*

Glück ≠ Pech □ **mit dem Würfeln:** wenn sie würfelt < der Würfel :

le dé □ **Mogeln** < mogeln: schwindeln, falsch spielen □ **einrichten:**

arrangieren □ **gewinnt** ≠ verliert □ **egal:** gleich

guter Laune: fröhlich □ **sobald:** gleich wenn

rollt herum: dreht sich um

weinen ≠ lachen

rührselig: sentimental □ **trösten:** beruhigen

Weihnachtsplätzchen: kleine Kekse (Kuchen), die alle Frauen für Weihnachten backen

ja: gut, sicher

wollte: gehen wollte

fortwährend: immer □ **sich streiten:** *se disputer*

zu jedem Ding: zu allem □ **Scheiße und Bockmist:** unanständige, häßliche Schimpfwörter □ **Jungens:** pl.: Jungen oder Jungens

heraufpfeifen: *siffler* □ **höhnische:** ironische

Bande: Gruppe □ **eintrete:** komme

fein: nobel □ **feige:** ängstlich ≠ tapfer, mutig

bisher: bis jetzt □ **keine Lust:** wollte nicht

gehabt, und die Zeit ist mir auch immer ganz schnell vergangen, mitten in der schönsten Unterhaltung habe ich meine Mutter oder meinen Vater die Eingangstür aufmachen hören und habe nur noch in aller Eile meine Familie wegpacken und meine Schulbücher aufschlagen können. Aber an dem Nachmittag vor Allerseelen habe ich keine Bücher aufschlagen und meine Familie nicht in aller Eile verstecken müssen, weil sie nämlich schon vorher nicht da war, die ganze Familie, einfach nicht da.

10   Zuerst, als ich mich vor meinen Spielschrank hingehockt habe, um die Schachtel herauszuholen, und sie nicht gleich gefunden habe, habe ich gedacht, dann ist sie eben im unteren Fach oder im Kleiderschrank oder sonstwo, es mußte ja immer so schnell gehen, und es kommt vor, daß man gar nicht genau aufpaßt, was man tut. Es hat also eine große Sucherei angefangen, in den Schränken und unter den Schränken und schließlich auch auf den Schränken, wo ich gar nicht hinreichen konnte, und ich mußte mich mit meinen schmutzigen Schuhen auf den guten Seidenstuhl
20 stellen, was meine Mutter nachher sehr aufgebracht hat. Schließlich bin ich wieder an den Spielschrank zurück, und da habe ich plötzlich die Pappschachtel gesehen, aber an einer ganz ungewohnten Stelle, und als ich sie aufgemacht habe, waren alte Dominosteine darin. Da ist mir ein furchtbarer Verdacht gekommen, und ich bin in die Küche gerannt und habe den Mülleimer aufgemacht, der ganz neu ist und bei dem man nur auf eine Art von Gaspedal zu treten braucht, damit der Deckel aufspringt. In dem Mülleimer war aber nichts, nur ein paar Kartoffelschalen und viel
30 zerknülltes Seidenpapier, das habe ich herausgerissen und auf den Gasherd geworfen, und man hat mich nachher gefragt, warum, aber ich habe keine Auskunft gegeben. Ich

mir: für mich

mitten in: in der Mitte von ☐ **Unterhaltung**: Spiel

Eingangstür: Wohnungstür

in aller Eile: ganz schnell

wegpacken: forträumen ☐ **aufschlagen**: aufmachen, öffnen

nämlich: denn

einfach: nur

hingehockt: fast gesetzt

herauszuholen: zu nehmen

eben: sicher

unteren: letzten ≠ oberen ☐ **Fach**: Teil ☐ **sonstwo**: an einer anderen Stelle ☐ **ja**: denn ☐ **es kommt vor**: es passiert

aufpaßt: achtgibt ☐ **tut**: macht

Sucherei: Suche, um die Schachtel zu finden

schließlich: am Ende

hinreichen: mit der Hand etwas nehmen

schmutzigen ≠ sauberen, reinen ☐ **Seidenstuhl**: *chaise recouverte de tissu en soie* ☐ **aufgebracht**: geärgert, böse gemacht

an den: zum ☐ **zurück**: zurückgegangen

Pappschachtel: Karton

ungewohnt: wo sie nie ist

Dominosteine: Steine für das Dominospiel

furchtbarer: schrecklicher ☐ **Verdacht**: Idee

gerannt: gelaufen ☐ **Mülleimer**: *poubelle*

eine Art von: etwas Ähnliches wie ☐ **Gaspedal**: im Auto tritt man auf das G., um schneller zu fahren ☐ **Deckel**: oberster Teil ☐ **aufspringt**: sich öffnet ☐ **Kartoffelschalen**: braune Haut, die man nicht ißt ☐ **zerknülltes** ≠ glattes ☐ **herausgerissen** < herausreißen: schnell nehmen ☐ **Gasherd**: man kocht das Essen auf einer Gasflamme, mit Feuer ☐ **Auskunft**: Antwort, Erklärung

189

habe an dem Nachmittag immer noch weiter gesucht; wenn
die Sachen nicht im Mülleimer waren, mußten sie doch
noch irgendwo sein, irgendwo, das hieß, alle noch übrigen
Schubladen aufziehen und alle Fächer durchwühlen, auch
im Wäscheschrank und im Büfett, und sich immer mehr aufregen, viel mehr, als man sich eigentlich über einen alten
Fußball, eine kaputte Puppe, eine Schachfigur und einen
eingeschrumpelten Luftballon aufregen kann. Ja, das habe
ich gleich gefühlt, daß es verrückt war, wie ich mich
10 anstellte, und es ist mir auch einen Augenblick lang der
Gedanke gekommen, ein paar andere Gegenstände Popp
und Mingel und Harry und Luzia zu nennen und also
gewissermaßen eine neue Familie zu gründen. Aber ich
habe doch gleich gewußt, daß ich das nicht mehr tun würde,
weil ich wahrscheinlich längst zu alt dafür war. Ich habe
gewußt, daß ich fortan immer so allein sein würde, wie jetzt,
als ich endlich mit dem Suchen aufhörte und in der Küche
am Fenster stand; und weil ich gar nicht dazu gekommen
war, Licht anzumachen, war es in der Wohnung schon
20 dunkel und so entsetzlich öde und still. Ich habe auch schon
geahnt, daß ich das nicht aushalten und wieder fortgehen
würde, ins Kino an der Ecke, Taschengeld hatte ich ja
genug, und wahrscheinlich würde ich auch jetzt nicht mehr
nein sagen, wenn sie kämen und mich aufforderten, in die
Bande einzutreten, obwohl die Jungen, die in der Bande
sind, ganz stupide Sachen machen, Autoreifen aufstechen
und Schaufenster kaputt schmeißen, mehr fällt ihnen nicht
ein. Aber es konnte ja sein, daß man mit der Zeit auch daran
Geschmack fand, und auf jeden Fall war man dann nicht
30 mehr so allein.

Über das alles habe ich nachgedacht und bin da am
Fenster stehengeblieben, neben dem Gasherd, und dabei ist

irgendwo: an einer Stelle, die ich nicht kenne □ **übrigen:** restlichen
Schubladen: *tiroirs* □ **aufziehen:** öffnen □ **durchwühlen:** mit der
Hand schnell suchen □ **immer mehr:** mehr und mehr □ **aufregen:**
nervös werden □ **eigentlich:** wirklich

eingeschrumpelten: klein und häßlich gewordenen
gefühlt: gewußt □ **verrückt:** nicht normal □ **wie ich mich anstellte:**
was ich machte □ **Augenblick:** Moment
Gedanke: Idee □ **Gegenstände:** Dinge, Sachen

gewissermaßen: so etwas wie □ **gründen:** bilden, schaffen, machen

wahrscheinlich: sicher, bestimmt □ **längst:** schon lange
fortan: von nun an, in Zukunft
aufhörte: Schluß machte
stand < **stehen:** sein □ **dazu gekommen war:** Zeit gehabt hatte
anzumachen: einzuschalten
dunkel: finster □ **entsetzlich:** schrecklich □ **öde:** einsam, leer
geahnt: gefühlt □ **aushalten:** ertragen, *supporter*

aufforderten: sagten, ich sollte...

Autoreifen aufstechen: mit einem Messer ein Loch in den Gummi
der Autoreifen machen □ **Schaufenster:** Vitrinen □ **schmeißen:**
Steine werfen □ **mit der Zeit:** langsam, nach und nach
Geschmack fand: interessant fand □ **auf jeden Fall:** es ist sicher

dabei: in diesem Moment

mir eingefallen, daß ich das Gas anzünden könnte, alle vier Flammen, aber nicht, um mir endlich mein Essen warm zu machen, nur so, zum Spaß. Ich habe also alle vier Deckel abgenommen und die Hähne ganz weit aufgemacht und angezündet, und die Flammen waren so hoch und lebendig und hell und warm, und ich habe mich gefreut und gedacht, daß man mit den Flammen vielleicht auch reden kann. Es ist nur eben leider noch das viele Seidenpapier aus dem Mülleimer auf dem Herd gelegen, und das muß Feuer

10 gefangen und die Gardine angesteckt haben, jedenfalls hat die plötzlich in Flammen gestanden bis oben hinauf, und ich bin sehr erschrocken und habe geschrien. Mein Vater hat in demselben Augenblick die Wohnungstür aufgeschlossen, und das war noch ein Glück, nur daß dann eben hinterher die ganze Fragerei gekommen ist und die Sache mit dem Lehrer und die mit dem Doktor, so als ob ich nicht ganz normal wäre oder als ob ich einen Zorn auf meine Eltern gehabt hätte. Und dabei hat meine Mutter doch gar nicht wissen können, was sie da weggeworfen oder verschenkt

20 hat, und überhaupt habe ich nichts gegen meine Eltern, sie sind, wie sie sind, und ich mag sie gern. Nur daß es eben gewisse Sachen gibt, die man ihnen nicht erzählen kann, nur aufschreiben und dann wieder zerreißen, wenn man allein zu Hause ist, und es wird schon dunkel, und unten pfeifen die Jungen von der Bande, und noch ein paar Minuten, dann macht man das Fenster auf und ruft, ich komme, und dann geht man die Treppe hinunter, die Hände recht forsch in den Hosentaschen, vorbei an der Nixe, die hat einem früher sehr gefallen, aber jetzt weiß man mit einem Mal, daß

30 man kein Kind mehr ist.

anzünden: Feuer machen

zum Spaß: um zu spielen
abgenommen: weggetan □ **Hähne:** *robinets* □ **weit:** groß
lebendig ≠ tot

reden: sprechen
eben: natürlich □ **leider:** es ist schade
gelegen < liegen: sein □ **muß:** hat sicher □ **Feuer gefangen:**
begonnen zu brennen □ **Gardine angesteckt:** der dünne Stoff vor
dem Fenster begann auch zu brennen □ **hat...gestanden:** war
bin erschrocken: hatte Angst □ **geschrien** < schreien, rufen
in demselben: im gleichen
hinterher: nachher, am Ende
die ganze Fragerei: all diese Fragen

Zorn: Wut; ich bin böse auf...
dabei: in Wahrheit
verschenkt: jemandem gegeben
überhaupt: auf jeden Fall
mag sie gern: liebe sie
gewisse: bestimmte, manche
aufschreiben: notieren □ **zerreißen:** in kleine Stücke reißen
es wird dunkel: der Abend kommt

geht hinunter: geht hinab auf die Straße □ **recht forsch:** voll
Energie □ **vorbei an...:** weiter als... □ **einem:** uns (mir)
früher: vor ein paar Jahren □ **gefallen:** schön finden □ **mit einem
Mal:** plötzlich

Grammaire au fil des nouvelles

Traduisez les phrases suivantes inspirées du texte (le premier chiffre renvoie à la page, les suivants aux lignes) :

Ils me demandent tous pourquoi j'avais fait cela (discours indirect, 176 - 1).

Ma mère parle toujours de ce morceau de saucisson (régime du verbe, 176 - 8,9).

Elle disait que j'avais le droit de prendre de tout (discours indirect ; emploi du verbe *dürfen*, 176 - 15,16).

Personne ne m'a jamais fait de reproche (traduction de "jamais", 176 - 16,17).

J'aurais pu aller dans la cour (de l'immeuble) ou au cinéma (conditionnel passé ; compléments de lieu, 176 - 20,21).

Le chien grognait derrière la porte du deuxième étage (compléments de lieu ; nombre ordinal, 178 - 4).

Je me rappelle encore que cela ne m'a pas plu (place du verbe, 178 - 13,14).

Personne n'avait eu le temps de faire les lits avant de partir (infinitive ; infinitif substantivé, 178 - 22).

J'ai mis le beurre dans le réfrigérateur (traduction de "mettre" ; complément de lieu, 178 - 25,26).

Elle disait souvent qu'elle trouvait cela ennuyeux de rester toute la journée à la maison (discours indirect ; traduction de "à la maison", 180 - 24,25).

Elle n'aime pas les jeux de société (traduction du verbe "aimer", 180 - 27,28).

Plus tard, tous les adultes voulurent savoir quel était mon jeu préféré (double infinitif ; traduction de "préféré", 182 - 10,11).

Je ne voulais pas jouer avec mes petites voitures mais avec ma famille (traduction de "mais" après une négation, 182 - 24,25).

Mon père est un vieux football nommé Popp et ma mère est une poupée bizarre, nommée Mingel (attributs du sujet ; emploi de *namens*, 184 - 3,4).

Lorsque je rentre (de l'école) à la maison, je vais prendre la boîte (traduction de "lorsque" et de "aller prendre", 184 - 9,10).

Toute la journée ils sont à la maison et nous attendent ("à la maison", 186 - 4,5).

Cela lui est égal s'il gagne ou non (traduction de "si", 186 - 16,17).

Il y a certaines choses que l'on ne peut pas leur raconter ("il y a" ; relative, 192 - 21,22).

Wortregister

Voici approximativement 2 500 mots rencontrés dans les nouvelles, suivis du sens qu'ils ont dans celles-ci.

(m) : masculin - (f) : féminin - (n) : neutre

— A —

Abendbrot (n) dîner
abermals à nouveau
abgeben (sich), gab ab, hat abgegeben s'occuper de
abgelegen à l'écart
abgetragen usé, vieux
ab/gewöhnen (sich etwas) perdre l'habitude de
Abgrund, -gründe (m) gouffre, abîme
abhanden kommen perdre
ab/jagen voler
ablassen, ließ ab, hat abgelassen cesser
ab/lenken changer les idées
ablesen, las ab, hat abgelesen lire
ab/mühen (sich) s'efforcer
abnehmen, nahm ab, hat abgenommen retirer
abreißen, riß ab, hat abgerissen arracher
ab/rollen (sich) se dérouler
Absatz, Absätze (m) paragraphe
ab/schälen éplucher
Abscheu (f) dégoût
Abschied (m) congé
abschlagen, schlug ab, hat abgeschlagen refuser
Abschluß (m) bout, fond
Absicht, -en (f) intention
absichtlich exprès
ab/spielen (sich) se dérouler
ab/stürzen faire une chute, s'écraser
ab/tupfen effleurer l'un après l'autre
ab/warten attendre
Abwechslung, -en (f) changement
ab/winken refuser d'un signe de la main
ab/wischen essuyer
Achsel, -n (f) aisselle, épaule
achten respecter
achtgeben, gab acht, hat achtgegeben faire attention
Adventskranz, -kränze (m) couronne de l'Avent

Agent, -en (m) agent
ähneln ressembler
ahnen soupçonner, pressentir
ähnlich semblable
Akkord, -e (m) travail à la tâche
Akkordprämie, -n (f) prime à la tâche, à la pièce
Aktenmappe, -n (f) serviette
Aktiengesellschaft, -en (f) (=AG.) société par actions
albern bête
allein seul
allerdings cependant
Allerseelen (n) le Jour des Morts (2 novembre)
allgemein général
allgemeingeschätzt estimé universellement
allmählich peu à peu
allzu trop
also alors
Alter, - (n) âge
am liebsten de préférence
an sich haben posséder
An- und Auskleiden (n) le fait de s'habiller et de se déshabiller
Anbeter, - (m) admirateur
Anbiederung, -en (f) familiarité
Anblick (m) spectacle
an/blicken regarder
anbringen, brachte an, hat angebracht réussir à placer
ändern (sich) changer
anderntags le lendemain
anders différent, autrement
Anderssein (n) différence
Andorra (n) l'Andorre
Andorraner, - (m) habitant d'Andorre
andorranisch d'Andorre
aneinander/scheuern frotter l'un contre l'autre
Anerkennung (f) estime, reconnaissance
anfangs au début
angeben, gab an, hat angegeben indiquer

angebracht fixé
angeheitert éméché
angehen, ging an, ist angegangen regarder, intéresser
angehen, ging an, ist angegangen s'allumer
an/gehören appartenir
angelangt arrivé
Angelegenheit, -en (f) affaire
angelehnt entrouvert
angenäht cousu, fixé
angenehm agréable
angeordnet rangé, placé
angewachsen attaché
Angewohnheit, -en (f) habitude
angezogen habillé
Angst, Angste (f) peur
ängstlich anxieusement
ängstlich anxieux
an/haben porter (un vêtement)
anhalten, hielt an, hat angehalten retenir, arrêter
anheben, hob (hub) an, hat angehoben commencer
an/hören écouter
an/klagen accuser
anklingen, klang an, ist angeklungen résonner, retentir
an/lächeln sourire à quelqu'un
an/lachen sourire à quelqu'un
an/langen arriver
an/legen mettre
an/locken attirer
an/machen allumer
an/melden faire savoir
anmutig avec grâce
annehmen, nahm an, hat angenommen supposer
Anpreisung, -en (f) préconisation
anregend stimulant
an/rühren toucher
an/schau(e)n regarder
Anschauung, -en (f) opinion, idées
Anschein (m) apparence
anscheinend sans doute
anschlagen, schlug an, hat angeschlagen frapper
ansehen, sah an, hat angesehen reconnaître, voir
ansehnlich de belle apparence, considérable
Ansprache, -n (f) allocution, discours
ansprechen, sprach an, hat angesprochen adresser la parole

Anspruch, -sprüche (m) exigence, prétention
Anstalt, -en (f) établissement
anstatt au lieu de
an/stecken contaminer
an/stellen (sich) s'y prendre
an/strengen fatiguer, demander un effort
anstrengend fatigant
Antennenkonstruktion, -en (f) ensemble d'antennes
antreten, trat an, hat angetreten commencer, partir
anziehen, zog an, hat angezogen enfiler
an/zünden allumer
apart chic, élégant
Apfelbäckchen, - (n) joues, rondes comme une pomme
Apfelschale, -n (f) épluchure de pomme
Apfelsinenschale, -n (f) pelure d'orange
Arbeiterunterkunft, -künfte (f) logement pour les ouvriers
arbeitsam laborieux, travailleur
Arbeitskraft, -kräfte (f) force de travail
Arbeitsmöglichkeit, -en (f) possibilité de travail
arg fortement
ärger davantage
ärgern fâcher
Arm, -e (m) bras
arm pauvre
Ärmel, - (m) manche
ärmellos sans manches
Armenküche, -n (f) soupe populaire
Armseligkeit (f) pauvreté
Armut (f) pauvreté
Arnikaumschlag, -schläge (m) compresse à l'arnica
Art, -en (f) sorte
Artigkeit, -en (f) gentillesse
Arzt, Arzte (m) médecin
Atem (m) respiration, souffle
atemlos essoufflé
Atemzug, -züge (m) souffle, moment
auch nicht pas non plus
außer à part
außerdem en outre
auf/bauen construire
auf/blicken lever les yeux
aufbringen, brachte auf, hat aufgebracht énerver

aufeinanderfolgend successif
auffallen, fiel auf, ist aufgefallen remarquer
auffallen, fiel auf, ist aufgefallen se faire remarquer
Auffassung, -en (f) conception
Auffassungsgabe, -n (f) esprit rapide, intelligence
auf/fordern inciter à, inviter
Aufgabe, -n (f) devoir, tâche
aufgeben, gab auf, hat aufgegeben donner
aufgeben, gab auf, hat aufgegeben renoncer, perdre
aufgehen, ging auf, ist aufgegangen s'ouvrir
aufgelöst dissous
aufgenommen enregistré
aufgeregt excité
aufgeschreckt effrayé
aufgewirbelt soulevé
aufheben, hob auf, hat aufgehoben ramasser
auf/hetzen monter quelqu'un contre...
auf/hören s'arrêter
auf/klären élucider
auf/klinken ouvrir
auf/knöpfen déboutonner
auf/lösen (sich) se dissiper, se réduire à
Aufmerksamkeit, -en (f) attention
aufnehmen, nahm auf, hat aufgenommen accueillir
auf/passen faire attention
auf/regen (sich) s'énerver
Aufregung, -en (f) excitation, énervement
auf/richten relever
auf/richten (sich) se redresser
aufschlagen, schlug auf, hat aufgeschlagen ouvrir
aufschließen, schloß auf, hat aufgeschlossen ouvrir
aufschreiben, schrieb auf, hat aufgeschrieben marquer, noter
aufspringen, sprang auf, ist aufgesprungen se lever brusquement, d'un bond
aufstechen, stach auf, hat aufgestochen crever
aufstehen, stand auf, ist aufgestanden se lever
aufsteigen, stieg auf, ist aufgestiegen monter, naître

Aufstieg, -e (m) ascension
auf/streifen retrousser
auf/suchen aller trouver
Auftrag, Aufträge (m) commande
auftreten, trat auf, ist aufgetreten poser le pied
auftreten, trat auf, ist aufgetreten se produire
auf/wachen se réveiller
auf/wärmen réchauffer
aufwirbeln s'élever en tourbillonnant
aufziehen, zog auf, hat aufgezogen ouvrir
äugen regarder
augenblicklich actuellement
Augenbraue, -n (f) sourcil
Aula, Aulen (f) préau
ausbleiben, blieb aus, ist ausgeblieben ne pas venir, manquer
ausbrechen, brach aus, ist ausgebrochen éclater (de rire)
aus/breiten étaler
Ausdruck, Ausdrücke (m) expression
auseinander/spreizen écarter
aus/führen exécuter
ausführlich détaillé
Ausgangspunkt, -e (m) point de départ
ausgenutzt exploité, utilisé
ausgerechnet justement
ausgesprochen vraiment, réellement
ausgestopft empaillé
ausgleiten, glitt aus, ist ausgeglitten glisser
aus/glühen s'éteindre
aushalten, hielt aus, hat ausgehalten supporter
Auskunft, Auskünfte (f) renseignement
Ausländer, - (m) étranger
auslesen, las aus, hat ausgelesen lire jusqu'au bout
aus/machen éteindre
aus/machen faire, représenter
Ausnahme, -n (f) exception
aus/reden dissuader
ausrufen, rief aus, hat ausgerufen s'écrier
aus/ruhen (sich) se reposer
aus/schalten éliminer
aus/schütten renverser
aussehen, sah aus, hat ausgesehen avoir l'air de
aus/setzen critiquer

Aussicht, -en (f) espérance, perspective
aussprechen, sprach aus, hat ausgesprochen prononcer
Ausspruch, -sprüche (m) parole, sentence
aussteigen, stieg aus, ist ausgestiegen descendre
aus/strahlen émaner, rayonner
aus/strecken tendre, allonger
aus/suchen choisir
Ausweg, -e (m) issue
aus/weisen (sich) prouver son identité
Automat, -en (m) machine
Autoreifen, - (m) pneu de voiture

— B —

babylonisch de Babel
Backe, -n (f) joue
Bademantel, -mäntel (m) peignoir
Ballade, -n (f) ballade
Bank, Bänke (f) banc
Bann (m) ban, envoûtement
Bärenschinken, - (m) viande des Grisons
barfuß pieds-nus
barsch sec
Bartbürstchen, - (n) petite brosse à barbe
Bauch, Bäuche (m) ventre
bauen construire
Bauer, -n (m) fermier, paysan
Bauernstube, -n (f) salle de ferme
Bauernvolk, -völker (n) peuple de paysans
Baukunst, -künste (f) architecture
Bäumchen, - (n) petit arbre
beachten considérer, tenir compte de
bebend tremblant
Bedenken (n) réflexion
bedeuten signifier
bedeutend beaucoup
bedrängen assaillir
befehlen, befahl, hat befohlen ordonner
befreien libérer
Begegnung, -en (f) rencontre
begehen, beging, hat begangen fêter
Begierde (f) soif, désir
Beginn (m) début

begleiten accompagner
Begleitung, -en (f) accompagnement
begreifen, begriff, hat begriffen comprendre
begreiflich machen faire comprendre
Begrüßung, -en (f) salutation, souhait de bienvenue
begütigend pour rassurer
behalten, behielt, hat behalten garder
behandeln traiter
beharren persister
beharrlich persévérant
behaupten prétendre
beide les deux
beieinanderstehen, stand beieinander, hat (ist) beieinandergestanden être rapproché
beißen, biß, hat gebissen mordre
Beifall (m) applaudissements
beiläufig en passant
beileibe nicht sûrement pas
Bein, -e (n) jambe
beinahe presque
beispielsweise par exemple
beistehen, stand bei, ist beigestanden assister, aider
bei/stellen fournir
bekämpfen combattre
beklagen plaindre
beklagen (sich) se plaindre
Belang, -e (m) intérêts
bellen aboyer
bemerken remarquer
Benehmen (n) comportement
benützen (=benutzen) utiliser, employer
beobachten observer
Bequemlichkeit, -en (f) confort
Beratung, -en (f) consultation, délibération
berechtigt autorisé
bereit prêt
bereits déjà
Bericht, -e (m) rapport
beruhigen rassurer
berühmt célèbre
berühren toucher
berührt touché
beschädigt endommagé
bescheiden modeste
beschimpfen insulter
beschleunigen accélérer

beschließen, beschloß, hat beschlossen décider
besehen (sich), besah, hat besehen s'observer
Besen, - (m) balai
besinnen (sich), besann, hat besonnen se souvenir
besitzen, besaß, hat besessen posséder
besonders particulier
besonders surtout
besorgen faire, s'en charger
besorgt soucieux, inquiet
bespannen garnir de cordes
bestätigen confirmer, attester
Bestätigung, -en (f) attestation
bestehen, bestand, hat bestanden consister en, se composer de
bestehlen, bestahl, hat bestohlen voler
bestellen passer une commande
Besuch, -e (m) visite
Besucher, - (m) visiteur
Besuchskarte, -n (f) carte de visite
Beteuerung, -en (f) protestation, affirmation
betonen souligner
betrachten observer
betragen (sich), betrug, hat betragen se comporter
betreten embarrassé, gêné
Bett, -en (n) lit
Bettbezug, -bezüge (m) drap
beugen plier
beugen (sich) se pencher
bewahren garder
bewährt qui a fait ses preuves
Bewegung, -en (f) mouvement, geste
Beweis, -e (m) preuve
bewerten évaluer
bewundern admirer
Bewußtsein (n) conscience
beziehen, bezog, hat bezogen se fournir, recevoir
bezwingen (sich), bezwang, hat bezwungen se maîtriser
biegen, bog, ist gebogen tourner
bieten, bot, hat geboten offrir
Bildnis, -se (n) image
Bildung, -en (f) formation, culture
binden créer des liens
bislang jusqu'à présent
Bitte, -n (f) prière
bitten, bat, hat gebeten prier, demander

bitter amère
blankgefegt nettoyé
Blatt, Blätter (n) feuille
blaugemalt peint en bleu
Blech, -e (n) tôle, fer-blanc
bleich pâle
Bleistift, -e (m) crayon
Blick, -e (m) regard
blicken regarder
Blickkreis, -e (m) champ visuel
blinken clignoter, briller
Blitz, -e (m) foudre, éclair
blitzblank reluisant
blitzen briller, scintiller
bloß seulement, simplement
blühend en fleurs
Blume, -n (f) fleur
Blumentopf, -töpfe (m) pot de fleurs
Blust (m) (en) fleurs
blutig sanglant
blutwenig très peu
Bockmist (m) crotte de bique
Bombe, -n (f) bombe
böse méchant
Boxnachrichten reportages sur la boxe
Brand, Brände (m) incendie
Brandfall, -fälle (m) incendie
Bratapfelbäckchen, - (n) joue comme une pomme au four
Bratkartoffel, -n (f) pommes de terre sautées
Braue, -n (f) sourcil
brechen, brach, hat gebrochen casser
breit large
brennen, brannte, hat gebrannt brûler
Brett, -er (n) planche
Bretter (pl.) scène
Bretterwand, -wände (f) palissade faite de planches
Briefkopf, -köpfe (m) en-tête
Brieftasche, -n (f) portefeuille
Brille, -n (f) lunettes
bringen, brachte, hat gebracht accompagner
Brust, Brüste (f) poitrine
Brusttasche, -n (f) poche intérieure
Bub, -en (m) garçon
Bücherfreund, -e (m) bibliophile
Buchhändler, - (m) libraire
Buchhandlung, -en (f) librairie
bücken (sich) se baisser
Büfett, -e (n) buffet
buhlen briguer

Bühne, -n (f) scène
Buntglasscheibe, -n (f) vitre teintée
Bursch(e), -n (m) garçon, type, jeune homme
buschig fourni
Busen, - (m) sein
Butter (f) beurre
Butterbrot, -e (n) tartine beurrée

— C —

Chef, -s (m) patron
Chiffre, -n (f) numéro, chiffre
Chor, Chöre (m) chorale
Christbaumwatte, -n (f) coton que l'on accroche au sapin de Noël

— D —

dabei alors que
Dach, Dächer (n) toit
dadurch ainsi, par cela
dafür par contre
dagegen contre
dahingehen, ging dahin, ist dahingegangen aller jusqu'à
damals à cette époque
damit ainsi
damit basta ça suffit
dankbar reconnaissant
Dankbarkeit (f) reconnaissance
daran sein être en train de
daraufweisen, wies darauf, hat daraufgewiesen montrer, indiquer
Darbietung, -en (f) numéro, attraction
darüber avec tout cela
darüber hinaus davantage
darum pour cette raison
das Feld räumen se retirer
Dasein (n) vie, existence
dasselbe la même chose
Dauerwurst, -würste (f) saucisson sec
davongehen, ging davon, ist davongegangen s'en aller
Deckel, - (m) couvercle
decken couvrir
Demütigung, -en (f) humiliation
desgleichen de même
deshalb c'est pourquoi

deswegen pour cette raison
deutlich précisément
dicht serré
Dichter, - (m) poète
dick gros
Dieb, -e (m) voleur
dienen servir
Dienstreise, -n (f) voyage d'affaires
dies voici
diesmal cette fois-ci
Ding, -e (n) objet
Direktor, -en (m) directeur
Disziplin, -en (f) discipline
Dokumentierung, -en (f) preuve, documentation
Dolmetscher, - (m) interprète
Dominostein, -e (m) domino
Donau (f) Danube
Donnermaschine, -n (f) machine qui produit le son du tonnerre
Donnerschlag, -schläge (m) coup de tonnerre
Donnerwetter (n) tonnerre
Doppelgänger, - (m) sosie
Doppelte (n) double
Dorf, Dörfer (n) village
dösen sommeiller
drängen (sich) se frayer un chemin
dransetzen mettre en jeu
draußen dehors
Dreckshündchen, - (n) sale petit cabot
drehen tourner
drein/schauen avoir l'air
drohen menacer
drohend menaçant
Druck (m) souffle, pression
drücken presser, faire souffrir, serrer
drunten en-bas
dumm bête, sot
dunkel sombre
dünn mince
dunsten s'évaporer
Duplikat, -e (n) duplicata
durchaus absolument
durchaus réellement
durch/blicken comprendre
durcheinander pêle-mêle
durchpulsen pénétrer, traverser
durchsehen, sah durch, hat durchgesehen vérifier, revoir
durchwühlen fouiller
durchschreiten, durchschritt, hat durchschritten traverser
duzen tutoyer

— E —

eben justement
ebenfalls également
echt vrai, sincère
Ecke, -n (f) coin
Edelmann, -leute (m) gentilhomme
egal indifférent
ehe avant que
Ehe, -n (f) mariage
eher plutôt
Ehre, -n (f) gloire, honneur
Ehrenabend, -e (m) soirée de fête
Ehrensold (m) rémunération symbolique
ehrlich honnête
Ehrung, -en (f) honneur
Eichhörnchen, - (n) écureuil
Eierkuchen, - (m) crêpe
eifersüchtig jaloux
eifrig avec zèle, zélé
eigen propre, particulier
Eigenschaft, -en (f) qualité, propriété
eigentlich au juste, à vrai dire
eigentümlich étrange
Eile (f) hâte
eilen aller rapidement
eilfertig empressé, hâtivement
eilig rapidement
Eimer, - (m) seau
ein bißchen un peu
ein für allemal une fois pour toutes
ein paar quelques
Ein und Aus les entrées et les sorties
einbiegen, bog ein, ist eingebogen tourner
ein/bilden (sich) s'imaginer
Einbildung, -en (f) illusion, imagination
ein/büßen perdre
einfach simplement
einfallen, fiel ein, ist eingefallen venir à l'esprit
Einfalt (f) naïveté
einfinden (sich), fand ein, hat eingefunden venir
Eingangstür, -en (f) porte d'entrée
eingeben, gab ein, hat eingegeben inspirer
eingehend minutieusement
eingemauert emmuré

eingerichtet aménagé
eingeschrumpelt ratatiné
eingeschrumpft ratatiné
ein/gewöhnen (sich) s'habituer
ein/holen rattraper
einigemal plusieurs fois
einlassen (sich), ließ ein, hat eingelassen s'engager, se laisser entraîner
Einleitung, -en (f) introduction
einleuchtend évident
einreiten, ritt ein, ist eingeritten entrer à cheval
einrennen, rannte ein, hat eingerannt enfoncer, assaillir
ein/richten arranger
einschlafen, schlief ein, ist eingeschlafen s'endormir
einschlagen, schlug ein, hat eingeschlagen tomber
ein/schränken limiter
ein/schüchtern intimider
eintreten, trat ein, ist eingetreten s'inscrire, entrer
Einverständnis, -se (n) accord, entente
ein/weihen initier, mettre au courant
ein/wenden objecter
Einwurf, -würfe (m) objection
einziehen, zog ein, hat eingezogen prendre
Eisbahn, -en (f) patinoire
eisern en fer
Eitelkeit (f) coquetterie, vanité
ekelhaft horrible, dégoûtant, méchant, désagréable
Elefantenzahn (m) ivoire
elend malheureux, misérable
Elend (n) malheur, misère
empfehlen, empfahl, hat empfohlen conseiller
empfinden, empfand, hat empfunden sentir, ressentir
Empfinden (n) sensation
empfindlich sensiblement
empören (sich) s'indigner
endlich enfin
eng étroit
entdecken découvrir
entdecken (sich) se découvrir
enteilen s'en aller rapidement
entfahren, entfuhr, ist entfahren échapper
entfernen éloigner, retirer

entgegen/arbeiten travailler contre
entgegenbringen, brachte entgegen, hat entgegengebracht apporter, montrer
entgegengesetzt opposé
entgegennehmen, nahm entgegen, hat entgegengenommen recevoir, accepter
entgegenspringen, sprang entgegen, ist entgegengesprungen sauter, courir vers
entgegnen répliquer
enthalten (sich), enthielt, hat enthalten s'abstenir
entlang le long de
Entlassung, -en (f) libération
entreißen, entriß, hat entrissen arracher
Entscheidung, -en (f) décision
Entschluß, Entschlüsse (m) décision
entschuldigend en s'excusant
Entsetzen (n) horreur
entsetzen (sich) s'indigner
entsetzlich horriblement
entsinnen (sich), entsann, hat entsonnen se souvenir
entspannen détendre, relâcher
entsprechend correspondant
entstehen, entstand, ist entstanden se créer
enttäuschen décevoir
entzückend ravissant
erbieten (sich), erbot, hat erboten se proposer
erdenken (sich), erdachte, hat erdacht inventer, imaginer
Erdgeschoß, -e (n) rez-de-chaussée
erdrücken écraser
erfahren, erfuhr, hat erfahren apprendre (une nouvelle)
erfahren expérimenté
Erfahrung, -en (f) expérience
Erfolg, -e (m) succès
erfolgreich couronné de succès
erfrischen rafraîchir
erfüllen exaucer, réaliser
erfüllt rempli
Erfüllung, -en (f) accomplissement, réalisation
ergeben (sich), ergab, hat ergeben s'en suivre, en résulter
ergehen (sich), erging, hat ergangen se promener
ergreifen, ergriff, hat ergriffen saisir, prendre

ergründen sonder, pénétrer
erheben (sich), erhob, hat erhoben se (re)lever
erheitern amuser
erinnern rappeler
erinnern (sich) se souvenir
Erinnerung, -en (f) souvenir
erkälten (sich) s'enrhumer
erkennen, erkannte, hat erkannt reconnaître
erklären expliquer
erklingen, erklang, ist erklungen résonner
erkundigen (sich) se renseigner
Erkundigung, -en (f) renseignement
erlauben permettre, autoriser
erleben vivre
erledigen terminer, accomplir
erleichtert soulagé
erlesen exquis
erlöschen, erlosch, ist erloschen s'éteindre
erlösen délivrer
Ermüdung, -en (f) fatigue
ernst nehmen prendre au sérieux
ernst sérieux
ernsthaft sérieux
erraten, erriet, hat erraten deviner
erregen provoquer
Erregung, -en (f) excitation
erreichen atteindre
Ersatz (m) remplacement
erscheinen, erschien, ist erschienen apparaître
erschrecken, erschrak, ist erschrocken prendre peur
erschrocken effrayé
erschüttern ébranler
Erschütterung, -en (f) émotion, secousse
ersetzen remplacer
ersparen (sich) se passer de, s'économiser
erst seulement
erstatten faire, donner
erstaunlich étonnant
erstaunt étonné, surpris
ertragen, ertrug, hat ertragen supporter
erwachen se réveiller
Erwachsene, -n (m) adulte
erwähnen mentionner
Erwartung, -en (f) attente
erwehren (sich) se défendre
erwidern répondre, répliquer

erzählen raconter
Erzählung, -en (f) histoire
erziehen, erzog, hat erzogen éduquer, élever
Esel, - (m) âne
etwa par hasard
ewig éternellement
Exemplar, -e (n) exemplaire
Existenz, -en (f) existence

— F —

Fabrik, -en (f) usine
Fabrikareal, -e (n) enceinte de l'usine
Fabrikationsgeheimnis, -se (n) secret de fabrication
Fach, Fächer (n) étagère, rayon
Fahrbahn, -en (f) chaussée
Fall, Fälle (m) cas
Fänge serres
Farbe, -n (f) couleur
färben (sich) se colorier
fassen prendre, saisir
fast presque
Faust, Fäuste (f) poing
Feder, -n (f) plume
federleicht léger comme une plume
Fehler, - (m) faute
feierlich solennellement
feige lâche
fein délicat, léger
fein ! quelle chance !
Feindschaft, -en (f) hostilité, inimitié
feinsinnig subtil, fin
feixen ricaner
fern éloigné, lointain
Ferne, -n (f) lointain
fertig terminé
feststehen, stand fest, hat (ist) festgestanden être certain
fest/stellen constater
Feuer (n) feu
Feuerwehrleiter, -n (f) échelle de pompiers
feurig fougueux, ardent
Fieberphantasie, -n (f) hallucinations dues à la fièvre
Findelkind, -er (n) enfant trouvé
finden, fand, hat gefunden trouver
Fingerspitze, -n (f) bout du doigt
fis (n) fa dièse
fixieren regarder, fixer

Flamme, -n (f) flamme
flammend flamboyant, perçant
flatterhaft volage
Fleck, -en (m) tache
Fleiß (m) zèle
fleißig courageux, travailleur
Fleisch (n) viande
fließen, floß, ist geflossen couler
fließend couramment
Flöte, -n (f) flûte
flüchtig furtif, éphémère, rapide
Flur, -e (m) entrée
flüstern chuchoter
Folge, -n (f) conséquence, suite
folgen obéir
folgend suivant
Förderung, -en (f) encouragement, promotion
förmlich littéralement
forsch plein d'assurance
fortan désormais
fort/drängen écarter
fortfahren, fuhr fort, hat fortgefahren continuer à parler
fortgeblasen emporté par le vent
fortgeweht emporté par le vent
Fortschritt, -e (m) progrès
fortschrittlich progressiste
fort/stürmen s'en aller en courant
fortwährend sans cesse, constamment
fort/wünschen souhaiter que quelqu'un disparaisse
Frack, -s (m) habit, frac
Fragerei, -en (f) questions perpétuelles
fraglich incertain
frech avec insolence
Frechheit, -en (f) impertinence
frei libre
Freiheit, -en (f) liberté
freilich évidemment
freilich par contre
Freitag, -e (m) vendredi
freiwillig volontaire
fremd étranger
Fremdling, -e (m) étranger
Freude (f) joie
freudig avec joie
freundlich aimable
freundlich aimablement, gentiment
Freundlichkeit, -en (f) gentillesse, amabilité
freundschaftlich amicalement

Friedensschluß, -schlüsse (m) conclusion de la paix
frischweg tout simplement
fröhlich joyeux
fromm pieux
Frömmigkeit, -en (f) piété, dévotion
Frühling, -e (m) printemps
Frühstück, -e (n) petit déjeuner
Frühstücksgeschirr (n) vaisselle du petit déjeuner
Fußball, -bälle (m) ballon de foot
fühlen sentir
Führer, - (m) guide, chef
füllen (sich) se remplir
Fundament, -e (n) fondation
furchtbar horrible
fürchten craindre
fürchterlich horrible
Fußspitze, -n (f) pointe du pied

— G —

Gabel, -n (f) fourchette
Gaffer, - (m) badaud
gähnen bâiller
Gang, Gänge (m) couloir
Gang (m) démarche
Gans, Gänse (f) oie
Gänsegrieben rillettes d'oie
ganz und gar absolument
gar même
Garage, -n (f) garage
Garderobenhaken, - (m) patère
Gardine, -n (f) rideau
Gärtchen, - (n) jardinet
Gartenfrucht, -früchte (f) fruit du jardin
Gartenpforte, -n (f) portail du jardin
Gasherd, -e (m) cuisinière à gaz
Gaspedal, -e (n) accélérateur
Gassenhauer, - (m) rengaine
Gast, Gäste (m) client
Gastspiel, -e (n) spectacle en tournée
Gastwirtschaft, -en (f) restaurant
gebaut bâti
gebeizt passé au brou de noix
Gebell (n) aboiements
Gebet, -e (n) prière
gebrochen brisé
gebückt incliné
Gedanke, -n (m) pensée
Gedankenkreis, -e (m) idées

gedeihen, gedieh, ist gediehen se développer, en venir à
gedenken, gedachte, hat gedacht avoir l'intention
Gedicht, -e (n) poésie
gedruckt imprimé
Gedrucktes (n) choses imprimées
Geduld (f) patience
geduldig patiemment
gefallen, gefiel, hat gefallen plaire
gefälligst je vous prie
Gefängnis, -se (n) prison
Gefängniszelle, -n (f) cellule de prison
gefaßt pris, saisi
Gefeierte, -n (m) héros de la fête
Geflügelhof, -höfe (m) poulailler
Gefüge (n) structure
Gefühl, -e (n) sensation, sentiment
Gegend, -en (f) région, quartier
Gegenmuskel, -n (m) muscle antagoniste
Gegenstand, -stände (m) objet
Gegenteil, -e (n) contraire
gegenüber vis-à-vis
gegenübersitzen, saß gegenüber, hat (ist) gegenübergesessen être assis en face
gegenwärtig actuel
gegenwärtig actuellement
Geheimnis, -se (n) secret
geheimnisvoll étrangement
Geheimwaffe, -n (f) arme secrète
Gehilfe, -n (m) adjoint
Gehorsam (m) obéissance
Geige, -n (f) violon
Geist, -er (m) esprit
geistig spirituel
gekachelt carrelé
gekleidet habillé
Geknurre (n) grognements
gekränkt vexé
Gelächter, - (n) rires
gelassen détendu
Geldschein, -e (m) billet de banque
Gelegenheit, -en (f) occasion
gelehrt instruit, savant
Geliebte, -n (m) amant, bien-aimé
gelingen, gelang, ist gelungen réussir
Gelingen (n) réussite
gelten, galt, hat gegolten valoir
Gemeinplatz, -plätze (m) banalité
Gemüt, -er (n) âme, coeur
gemütlich à l'aise, détendu, confortable

gemütvoll sensible, gentil
gen = gegen tourné vers
genauso pareillement
genausogut aussi bien
Generaldirektor, -en (m) directeur général
genesen, genas, ist genesen guérir
Genie, -s (n) génie
genießen, genoß, hat genossen jouir, profiter
genügen suffire
genügend suffisamment
Gepflogenheit, -en (f) habitude
geplagt torturé
gepufft bouffé
gerade justement
geradezu vraiment
Geranie, -n (f) géranium
Geräuchertes (n) quelque chose de fumé
gerecht juste
gereizt irrité
Gericht, -e (n) tribunal
gering moindre
geringschätzig dédaigneux, méprisant
gesamt entier
Gesang, Gesänge (m) chant
Geschäft, -e (n) affaire
geschäftig activement
geschäftig affairé
geschäftlich commercial
Geschäftsbuch, -bücher (n) livre de commerce
geschehen, geschah, ist geschehen arriver, se produire
Geschimpfe (n) insultes
geschlitzt fendu
Geschmack, Geschmäcker (m) goût
Geschöpf, -e (n) créature
Geschriebenes (n) écritures
Geschwindigkeit, -en (f) vitesse
geschwollen enflé
Gesell, -en (m) compagnon
Gesellschaft, -en (f) société
Gesellschaftsspiel, -e (n) jeu de société
Gesicht, -er (n) visage
Gespräch, -e (n) entretien, conversation
gestachelt excité
Gestalt, -en (f) personnage, type
gestalten (sich) prendre une tournure

gestehen, gestand, hat gestanden avouer
gesund bon pour la santé
gesund en bonne santé
Gesundheit, -en (f) santé
getragen solennel
gewahren voir
gewandt habilement
Gewehr, -e (n) fusil
gewiß certainement, il est certain
gewinnen, gewann, hat gewonnen gagner
Gewissen, - (n) conscience
gewissermaßen en quelque sorte
Gewitter, - (n) orage
Gewohnheit, -en (f) habitude
gewöhnlich d'habitude, habituellement
gewohnt habitué
gewohnt habituel
Glanz (m) éclat
glänzen briller, luire
glattrasiert rasé de près
gleich darauf immédiatement après
gleich pareil
gleichen, glich, hat geglichen ressembler
gleichfalls de même
gleichgültig d'un air indifférent
Gleichheit, -en (f) ressemblance
gleichmäßig régulièrement
gleichwertig de même valeur, équivalent
gleichzeitig en même temps, simultanément
Glück (n) chance
glühen brûler, briller
Gold (n) or
Goldfrank, -en (m) franc-or
Gosse, -n (f) caniveau
Grab, Gräber (n) tombe
grabbeln fouiller
Gras, Gräser (n) herbe
grausam cruel
Grausamkeit, -en (f) cruauté
Greis, -e (m) vieillard
greis très âgé
Grenze, -n (f) frontière
Griff, -e (m) emprise, prise
Grinsen (n) ricanement, méchant sourire
grinsen ricaner
großangelegt de grande envergure
großartig magnifique
grollen gronder

Großsprecherei, -en (f) vantardise
Großvatermündchen, - (n) petite bouche de grand-père
Großvater, -väter (m) grand-père
Grund, Gründe (m) raison
gründen fonder
gründen (sich) se fonder
Grundsatz, -sätze (m) principe
Grundstück, -e (n) terrain
gucken regarder
Gunst (f) faveur
günstig favorable, avantageux
Gut (n) bien
Güte bonté
gütig bon, avec bonté
gut/machen réparer
gutmütig bon

— H —

Haß (m) haine
Habe (f) fortune, propriété
habhaft werden s'emparer de
hadern s'en prendre à
Hagel (m) grêle
Hahn, Hähne (m) robinet
Haken, - (m) crochet
halber + génitif pour, à cause de
Hälfte, -n (f) moitié
häßlich laid
Hals, Hälse (m) cou
haltbar solide
halten, hielt, hat gehalten avoir chez soi, posséder
halten, hielt, hat gehalten (für) prendre (pour)
halten, hielt, hat gehalten prendre, tenir
hämisch ironique
handeln agir
Hang (m) penchant
Hängebauch, -bäuche (m) ventre pendant
hängen, hing, hat (ist) gehangen être accroché
hantieren bouger
hassen haïr, détester
Hast (f) hâte
hauchen susurrer
Haupt, Häupter (n) tête
Hauptsache, -n (f) essentiel
hauptsächlich essentiellement
Hauptstadt, -städte (f) capitale

Hausarbeit, -en (f) devoir
häuslich domestique
Hausvater, -väter (m) chef de famille
Haut, Häute (f) peau
Hebel, - (m) levier
Heft, -e (n) cahier
heiß très chaud
heißen, hieß, hat geheißen signifier
heilen guérir
heimfinden, fand heim, hat heimgefunden retrouver le chemin du retour
heimgesucht affligé, éprouvé
Heimkehr (f) retour
heimkommen, kam heim, ist heimgekommen rentrer à la maison
heimlich (en) secret
Heimweg, -e (m) chemin du retour
heiter gai, joyeux
Held, -en (m) héros
Heldenschaft, -en (f) héroïcité
hellrot rouge clair
heraufpfeifen, pfiff herauf, hat heraufgepfiffen siffler pour appeler quelqu'un
heraus/fordern provoquer, défier
Herausforderung, -en (f) provocation
herausreißen, riß heraus, hat herausgerissen arracher
heraus/rutschen sortir (en glissant)
herausziehen, zog heraus, hat herausgezogen retirer
herbeilaufen, lief herbei, ist herbeigelaufen s'approcher en courant
Herd, -e (m) cuisinière
hergeben, gab her, hat hergegeben donner
hergehen, ging her, ist hergegangen se dérouler, se passer
Herkunft, -künfte (f) origine, provenance
Herrlichkeit, -en (f) merveille
herrschend régnant
her/sagen réciter
Herstellung, -en (f) fabrication
herum/drehen tourner, faire tourbillonner
herumgehen, ging herum, ist herumgegangen passer
herum/rollen se tourner en roulant
herum/stochern fureter, fouiller
herunter/drücken abaisser
hervorbringen, brachte hervor, hat hervorgebracht produire

hervorheben, hob hervor, hat hervorgehoben mettre en relief, insister

hervorkommen, kam hervor, ist hervorgekommen sortir de

hervornehmen, nahm hervor, hat hervorgenommen sortir

hervorrufen, rief hervor, hat hervorgerufen provoquer, faire naître

hervorstoßen, stieß hervor, hat hervorgestoßen s'écrier

Herz, -en (n) coeur

herzlich cordial

Hetze, -n (f) course, hâte

heutzutage de nos jours

hierbei in même temps

hilflos désarmé, sans défense, désemparé

Himbeerstrauch, -sträucher (m) framboisier

Himmel, - (m) ciel

hin und her d'un côté et de l'autre

hin und her gehen aller et venir

hin- und zurück/tauschen changer et rechanger

hinabsteigen, stieg hinab, ist hinabgestiegen descendre

hinaufrennen, rannte hinauf, ist hinaufgerannt monter en courant

hinaus/blicken regarder dehors

hin/blicken regarder là-bas

hinbringen, brachte hin, hat hingebracht en arriver, réussir

hindurch à travers

hineingesteckt investi

hineingleiten, glitt hinein, ist hineingeglitten glisser dedans

hinein/klemmen introduire de force

hinein/klettern grimper dedans

hinein/passen rentrer

hingegen par contre, au contraire

hin/hocken (sich) s'accroupir

hin/reichen atteindre

hinreißend ravissant

hin/setzen (sich) s'asseoir

Hinsicht, -en (f) point de vue, perspective

hin/starren (vor sich) regarder dans le vide

hintereinander successivement

hinterher après

Hinterkopf, -köpfe (m) occiput

Hinterlist (f) perfidie, fourberie

hinterlistig perfide

Hinterseite, -n (f) revers

hinweg au-delà

hinwegsehen, sah hinweg, hat hinweggesehen fermer les yeux, pardonner

hinwerfen, warf hin, hat hingeworfen jeter

hinwiederum à nouveau

hinziehen, zog hin, hat hingezogen attirer

Hitze (f) chaleur ardente

hochheben, hob hoch, hat hochgehoben soulever

hochspringen, sprang hoch, ist hochgesprungen sauter en l'air

höchste Zeit (es ist...) (il est) grand temps

Hochzeit, -en (f) mariage

Hochzeitsschmaus, -schmäuse (m) repas de noces

hocken être assis

Hof, Höfe (m) cour

Hof, Höfe (m) ferme

Hofbesitzer, - (m) propriétaire de la ferme

hoffen espérer

hoffentlich espérons que...

Hoffnung, -en (f) espoir

höflich poli

Höflichkeit, -en (f) politesse

Höfling, -e (m) courtisan

Hoftor, -e (n) portail

hohlwangig aux joues creuses

höhnen ironiser

höhnisch ironique

holen aller chercher

Hölle, - (f) enfer

hopsen sauter, sautiller

horchen écouter

Hörerschaft (f) auditeurs, public

Hörmuschel, -n (f) écouteur

Hosentasche, -n (f) poche du pantalon

Hosenträger, - (m) bretelle

hübsch joli, beau

Huhn, Hühner (n) poulet

Hund, -e (m) chien

Hunger (m) faim

husten tousser

Hut, Hüte (m) chapeau

hüten garder

ihretwegen elle veut bien
im einzelnen en détail
immerfort sans cesse
immerhin tout de même
immerzu constamment
in der Tat vraiment
in natura en nature
indem en...
indessen cependant
ineinander/stecken être emboîté
Inhaber, - (m) propriétaire
Innere (n) organes
innerlich à l'intérieur, intérieurement
innig intime
innig profond, ardent, tendre
ins Reine bringen tirer au clair
Insasse, -n (m) occupant
inzwischen entre-temps
irgendein un quelconque
irgendwo quelque part
irren (sich) se tromper
Irrenhaus, -häuser (n) asile

— J —

ja en effet
jäh soudain
jahrelang pendant de nombreuses années
Jahreszeit, -en (f) saison
Jahrhundert, -e (n) siècle
Jähzorn (m) irascibilité
jammervoll lamentable
jauchzend plein d'allégresse
jaulend glapissant
jedenfalls de toute façon
jedesmal à chaque fois
jedoch par contre
jemals jamais
jener celui-là
Jubilar, -e (m) vedette
Jude, -n (m) juif
jüdisch juif
jugendfrei autorisé aux moins de 18 ans
jung jeune
Junge, -n(s) (m) garçon
Jüngling, -e (m) jeune homme
Jüngste, -n (m) petit dernier

— K —

Kachel, -n (m) carrelage
Käfer, - (m) insecte, scarabée
kahl chauve, dénudé
Kalbsleberwurst, -würste (f) pâté de foie de veau
Kälte (f) froid
Kameradschaft, -en (f) camaraderie, amitié
Kampf, Kämpfe (m) lutte, combat
Kampfsucht, -süchte (f) fureur de se battre
Kanapee, -s (n) canapé
Kapellmeister, - (m) chef d'orchestre
Kapital, -ien (n) capital, capitaux
Kapitel, - (n) chapitre
kaputt cassé
Kartoffelschale, -n (f) épluchure de pommes de terre
Kasten, Kästen (m) boîte
Katheder, - (n) pupitre
kauen mâcher
kauern être accroupi
kaum à peine
keine Rede aucune idée
kennen, kannte, hat gekannt connaître
kennen/lernen faire la connaissance
Kerl, -e (m) type, personnage
Kerze, -n (f) bougie, cierge
Kessel, - (m) chaudron
Kindergemüt (n) coeur d'enfant
Kinderstimme, -n (f) voix d'enfant
Kinderwagen, - (m) landau
kindhaft enfantin
kindlich enfantin
Kino, -s (n) cinéma
klagen (se) plaindre
Klang, Klänge (m) son
Klarheit, -en (f) éclaircissement
Klassenhiebe une bonne raclée de la part des camarades de classe
klauen (familier) voler, piquer
Klavier, -e (n) piano
Kleiderschrank, -schränke (m) penderie
klein beigeben céder
kleinlich mesquin
klingeln sonner
klingen, klang, hat geklungen résonner
Klinke, -n (f) poignée

klirrend en cliquetant
klopfend battant
Klubsessel, - (m) fauteuil club
Kluft, Klüfte (f) crevasse, faille
Klugheit, -en (f) intelligence
Knabe, -n (m) garçon
Kneipe, -n (f) bistrot
Knie, - (n) genou
Knochen, - (m) os
Knopf, Knöpfe (m) bouton
knüpfen nouer, attacher
knurren grogner
kochen cuire, bouillir
Komet, -en (m) comète
komisch bizarre
Komplikation, -en (f) complication
kompliziert compliqué
Komponist, -en (m) compositeur
König, -e (m) roi
Kopfbogen, -bögen (m) en-tête
Kopfkissen, - (n) oreiller
Körper, - (m) corps
Korridor, -e (m) couloir
Kosewort, -e (n) mot tendre
Kosten frais
Köter, - (m) cabot
Kraft, Kräfte (f) force
kräftig vigoureusement
kräftig vigoureux
Kraftnatur, -en (f) personnalité puissante
Kraftverein, -e (m) club de sport
Kranke, -n (m) malade
Kreditgewährung, -en (f) octroi d'un crédit
Kreis, -e (m) cercle
Kreisel, - (m) toupie
kriechen, kroch, ist gekrochen ramper, entrer
kriminalistisch policier
kritzeln griffonner
Kuß, Küsse (m) baiser
Küchenbüfett, -e (n) buffet de cuisine
Küchenuhr, -en (f) pendule de cuisine
kühl fraîchement, froidement
Kühlschrank, -schränke (m) réfrigérateur
kühn hardi, audacieux
kümmerlich misérablement
kümmern (sich) s'occuper de
kummervoll soucieux
Kunde, -n (m) client
Kunstfertigkeit, -en (f) savoir-faire
Kunstjünger, - (m) adepte de l'art

künstlerisch artistique
Künstlerkneipe, -n (f) café d'artistes
kurios curieux
kurz bref
kurzsichtig myope
küssen embrasser

— L —

lächeln sourire
lächelnd en souriant
Lachlust (f) envie de rire
Lack, -e (m) vernis, laque
lackieren vernir, laquer
Lage, -n (f) situation
lähmen paralyser
Lampenfieber, - (n) trac
Landsmannschaft, -en (f) corporation
Langeweile (f) ennui
längst depuis longtemps
langweilig ennuyeux
Lanze, -n (f) lance
Lasso, -s (n) lasso
Last, -en (f) charge
Laster, - (n) vice
lauern guetter
lauernd épiant, à l'affût de
Laufbahn, -en (f) carrière
Laune, -n (f) humeur
laut à haute voix
lauten indiquer, dire
läuten sonner
lauter rien que
leb wohl ! salut !
leben vivre
lebendig vivant
Lebensweise (f) mode de vie
lebhaft vif
leer vide
leerstehend vide
legen (sich) cesser, s'arrêter, se calmer
Lehnsessel, - (m) fauteuil
lehren enseigner, apprendre
Leib, -er (m) corps
leicht légèrement
leid tun regretter
leiden, litt, hat gelitten souffrir
leidend souffrant
Leidenschaft, -en (f) passion
leidenschaftlich passionné
leidlich passable

209

Leintuch, -tücher (n) drap
leise à voix basse, sans faire de bruit
leisten faire, accomplir
leisten (sich) se permettre, s'offrir
Leistungsfähigkeit, -en (f) capacité de rendement
lenken guider, attirer
Lenz (m) printemps
leuchten briller
leugnen contester, dénier
Licht, -er (n) lumière
lieber de préférence
Liebesbrief, -e (m) lettre d'amour
Liebhaber, - (m) amant, bien-aimé
Liebschaft, -en (f) liaison amoureuse
Liebste, -n (f) bien-aimée
Lippe, -n (f) lèvre
listig rusé
loben louer
Lobspruch, -sprüche (m) éloge
Loch, Löcher (n) trou
löffeln manger à la cuillère
Lorbeerkranz, -kränze (m) couronne de laurier
losbrechen, brach los, ist losgebrochen se mettre à
lösen détacher
lösen (sich) se relâcher
los/prusten éclater
losschießen, schoß los, ist losgeschossen se précipiter
Lücke, -n (f) brèche, trou
Luft, Lüfte (f) air
Luftballon, -e (m) ballon gonflable
Lust, Lüste (f) envie

— **M** —

Maß, -e (n) mesure
Macht, Mächte (f) puissance
mächtig puissant, important
Magen, Mägen (m) estomac
majestätisch majestueusement
Malerei, -en (f) peinture
Mangel, Mängel (m) absence, manque
mangelhaft médiocre, imparfait
mangels + génitif à défaut de
Männlein, - (n) petit bonhomme
männlich masculin, viril
Märchen, - (n) conte de fée
Markt, Märkte (m) marché
Maschine, -n (f) machine

mechanisch mécanique
Mechanismus, -men (m) mécanisme
meinethalben je veux bien que...
Meinung, -en (f) avis, opinion
meist la plupart du temps
meistens la plupart du temps
Meister, - (m) patron, chef d'équipe
Mekka La Mecque
melden annoncer
melden (sich) s'annoncer
Menge (f) foule
Mensch, -en (m) homme, personnage
Menschenform, -en (f) aspect humain
Menschenkenner, - (m) bon psychologue
Menschenstrom, -ströme (m) flot humain
Menschheit (f) humanité
menschlich humain
Menschlichkeit, -en (f) humanisme
merken remarquer
merklich perceptible
merkwürdig bizarre, curieux
mißbilligend méprisant
mieten louer
Mitglied, -er (n) membre
mitkommen, kam mit, ist mitgekommen suivre
mitleidlos impitoyable
Mißtrauen (n) méfiance
mißtrauisch avec méfiance
Mitte (f) milieu
mit/teilen faire savoir
Mittel, - (n) moyen
mittelmäßig moyen
mittels + génitif au moyen de
mittun, tat mit, hat mitgetan participer
mitunter parfois
Möbel, - (n) meuble
mogeln tricher
mögen, mochte, hat gemocht aimer bien
möglich possible
Mond, -e (m) lune
Mondrakete, -n (f) fusée lunaire
morgens le matin
morsch cassant
Müdigkeit, -en (f) fatigue
Mühsal, -e (f) peine, efforts
mühselig accablé de peines
Mülleimer, - (m) poubelle
Mund, Münder (m) bouche

Mundschenk, -en (m) échanson
Mundtuch, -tücher (n) serviette
Mundwinkel, - (m) commissure des lèvres
Münze, -n (f) pièce de monnaie
murmeln murmurer
musikalisch musicien
Musiktruhe, -n (f) chaîne hi-fi
Muskel, -n (m) muscle
Mustang, -s (m) mustang
musterhaft parfait, exemplaire, comme il faut
Musterknabe, -n (m) garçon modèle
Musterschüler, - (m) élève modèle
mutig courageux
Mutwille (m) pétulence, malignité

— N —

na eh bien
Nachbar, -n (m) voisin
nachdenklich songeur
Nachfolger, - (m) successeur
nachgeben, gab nach, hat nachgegeben céder
Nachhauseweg, -e (m) chemin du retour
Nachmittag, -e (m) après-midi
nachsehen, sah nach, hat nachgesehen suivre du regard
nächtigen passer la nuit
nachts de nuit
nähen coudre
näherkommen, kam näher, ist nähergekommen s'approcher
namens nommé
nämlich c'est que, en effet
Napfkuchen, - (m) kouglof
närrisch fou
naschen manger par gourmandise
Nase, -n (f) nez
Nasenloch, -löcher (n) narine
Nasenspitze, -n (f) bout du nez
Neapel Naples
nebenbei en passant, accessoirement
Nebenbuhler, - (m) rival
nebensächlich accessoire
Nebenwohnung, -en (f) appartement voisin
neblig brumeux
necken taquiner
Neid, -e (m) envie, jalousie
neidisch envieux

neigen (sich) se pencher, se baisser
nennen, nannte, hat genannt nommer, citer
nervös énervé
nett sympathique, gentil
neuartig d'un genre nouveau
Neugier (f) curiosité
neugierig curieux
Neujahr (n) premier janvier
neulich récemment
Neuling, -e (m) novice
nicht bei Trost sein perdre la raison
nicken faire un signe (de tête) affirmatif
nieder/legen coucher, détruire, abattre
niederreißen, riß nieder, hat niedergerissen démolir
nieder/schlottern pendre, tout en restant flasque
niederwerfen (sich), warf nieder, hat niedergeworfen se jeter
nirgends nulle part
Nixe, -n (f) sirène
noch dazu et en outre
Not, Nöte (f) besoin, misère
Notar, -e (m) notaire
notgedrungen contraint, forcé
notieren noter
nötig nécessaire
Notizbuch, -bücher (n) carnet
Nummer, -n (f) numéro
nun maintenant

— O —

ob + génitif pour, à cause de
obendrein en outre
oberste supérieur
Obertertia (f) classe de troisième
obgleich bien que
Obstschale, -n (f) coupe de fruits
obwohl quoique
Ochse, -n (m) boeuf
öde monotone, sinistre
offen ouvert
offenbar visiblement, apparemment
offenhalten, hielt offen, hat offengehalten garder ouvert
ohnedies de toute façon
Ohr, -en (n) oreille
Ohrläppchen, - (n) lobe de l'oreille
Omnibus, -se (m) autobus

Onkel, - (m) oncle
Operationstisch, -e (m) table d'opération
Opfer, - (n) sacrifice
Opfer, - (n) victime
ordnen ranger

— P —

packen prendre, ranger, saisir
Pädagoge, -n (m) pédagogue
Panzer, - (m) cuirasse
Pappschachtel, -n (f) boîte en carton
Paradestück, -e (n) morceau de bravoure
Paradies, -e (n) paradis
Parkett, -e (n) parterre
Parkwächter, - (m) gardien de parking
Parterre (n) rez-de-chaussée
passen aller, trouver la place
Pause, -n (f) pause, récréation, entracte
peinlich embarrassé, gênant
Person, -en (f) personne
persönlich personnel
Pfeffernuß, -nüsse (f) petit pain d'épice
pfeifen, pfiff, hat gepfiffen siffler
Pferd, -e (n) cheval
Pflaumenkuchen, - (m) gâteau aux pruneaux
pflegen avoir coutume, avoir l'habitude
Pflicht, -en (f) devoir, obligation
Pflichtgefühl, -e (n) sens du devoir, responsabilité
Phantasie, -en (f) imagination
plagen torturer
Plan, Pläne (m) projet
planmäßig prévisible
plötzlich soudain
Police, -n (f) police
Pore, -n (f) pore
Pracht (f) splendeur
Prärie, -n (f) prairie
Preis, -e (m) prix
preisgeben, gab preis, hat preisgegeben livrer (un secret)
pressen presser, appuyer, serrer
Primus, Primi (m) premier de la classe, fort - en - thème
Prise, -n (f) prise

Pritsche, -n (f) bat-flanc
Probe, -n (f) essai, preuve
Propaganda (f) propagande
prophezeit prédit
prüfen (sich) s'interroger, s'examiner
prüfend d'un air interrogateur
Publikum (n) public
Puppenzimmer, - (n) maison de poupées
putzen nettoyer
Putzfrau, -en (f) femme de service

— Q —

Quartier, -e (n) logement
Quatschkopf, -köpfe (m) bavard
quellen, quoll, ist gequollen jaillir
quittiert acquitté

— R —

Rachsucht (f) soif de vengeance
Rakete, -n (f) fusée
Rand, Ränder (m) bord
rasch rapidement
rasend à une vitesse vertigineuse
rastlos sans répit
raten, riet, hat geraten conseiller
ratlos désemparé
Ratte, -n (f) rat
rauben ravir, prendre
räuberisch horriblement
Raubvogel, -vögel (m) rapace
Rauch (m) fumée
Rauchfang, -fänge (m) cheminée
Rauchwolke, -n (f) nuage de fumée
rauh rauque
raus dehors
Rausch, Räusche (m) ivresse
Rechnung, -en (f) facture
recht bien
recht haben avoir raison
reden parler
Redner, - (m) orateur
Regal, -e (n) étagère, rayonnage
regelmäßig régulièrement
Regenschirm, -e (m) parapluie
regulieren régler
reichen tendre
reichend allant

Reihe, -n (f) rang, ordre, rangée
Reihe, -n (f) série
rein pur
Reiter, - (m) cavalier
Rekord, -e (m) record
Rennfahrer, - (m) pilote de course
rentieren (sich) rentabiliser
retten sauver
Richter, - (m) juge
richtig véritable
Richtung, -en (f) direction
riechen, roch, hat gerochen sentir
Riese, -n (m) géant
Riesenfaust, -fäuste (f) poing de
géant
riesengroß immense
riesenhaft gigantesque
Riesenleib, -er (m) corps de géant
Ring, -e (m) bague, anneau
ringsum tout autour
ritterlich chevaleresque
Rolle, -n (f) rôle
rollen rouler
Romane, -n (m) Latin
römisch eins premièrement (en chif-
fres romains)
rosig rosé
Rosine, -n (f) raisin sec
Ruck (m) mouvement brusque
rücken pousser
rückend en tirant
Rücksicht (f) égards, attention, mé-
nagements
rückwärts en arrière
Rückweg, -e (m) chemin du retour
Ruhe (f) paix, tranquillité
ruhen reposer
Ruhm (m) gloire
rühmen vanter, louer
rühren remuer, tourner
rühren toucher, émouvoir
rührselig sentimental
Rumänien (n) Roumanie
rundheraus directement
runtergehen, ging runter, ist runter-
gegangen descendre
rüsten préparer

— S —

Sache, -n (f) chose, affaire
sachte doucement
Sage, -n (f) légende

Sägemehl (n) sciure
Samtkleid, -er (n) robe de velours
Samtmantel, -mäntel (m) manteau
de velours
sanft doucement
sanftmütig doux, débonnaire
Sänger, - (m) chanteur
satt rassasié
Satz, Sätze (m) phrase
sauber propre
sausen foncer
Schabernack, -e (m) farce
schäbig usé, miteux
schablonenmäßig stéréotypé, sur le
même schéma
Schachfigur, -en (f) pièce d'échecs
Schachtel, -n (f) carton, boîte
Schaden, Schäden (m) dommage,
sinistre
schaffen, schuf, hat geschaffen créer
Schal, -s (m) écharpe
schälen éplucher
Scham (f) honte
schämen (sich) avoir honte
scharf pointu, perçant
Schärfe (f) mordant, précision
schärfen (sich) s'aiguiser
Scharfsinn (m) esprit pénétrant
scharren creuser
schätzen estimer
schaudernd avec horreur
Schaufenster, - (n) vitrine, devan-
ture
Schaum schlagen faire de la mousse
Schauspieler, - (m) acteur
Scheibe, -n (f) rondelle
Scheiße (f) merde
Scheißhündchen, - (n) petit chien de
m...
scheinen, schien, hat geschienen sembler, briller
schellen sonner
scheren (zum Teufel) aller
Schicksalswahrheit, -en (f) vérité
capitale
schienen appliquer une éclisse (rail
de soutènement)
schier presque
schimpflich honteux
Schirm, -e (m) parapluie
Schlaf (m) sommeil
Schlafzimmer, - (n) chambre à
coucher
Schlag, Schläge (m) coup

Schlag, -Schläge (m) coup de sang, attaque d'apoplexie
schlagen, schlug, hat geschlagen frapper, taper
Schlauheit, -en (f) ruse
schließen, schloß, hat geschlossen terminer
schließlich finalement
schlimm mauvais, méchant
Schloß, Schlösser château, serrure
Schlot, -e (m) cheminée
schlottern trembler
Schluck, Schlücke (m) gorgée
schlucken avaler
Schlüssel, - (m) clé
schmecken goûter
schmecken (gut) être succulent
Schmerz, -en (m) douleur
schmerzlich douloureusement
schmuck joli, coquet
Schmutz (m) saleté
schmutzig sale
schnappen essayer de mordre
Schnaps, Schnäpse (m) eau-de-vie
Schneeflocke, -n (f) flocon de neige
Schneide, -n (f) tranchant, tranche
schneien neiger
Schnupftabaksdose, -n (f) tabatière
Schnurrbart, -bärte (m) moustache
Schnurrbartspitze, -n (f) moustaches
Schoß, Schöße (m) genoux
schonen ménager
schonen (sich) se ménager
Schopf, Schöpfe (m) cheveux
Schoppen, - (m) chope, pichet
Schrank, Schränke (m) armoire
schrauben visser
Schreck, -en (m) peur, frayeur
Schrecken (m) frayeur
schrecklich horrible
Schreiben (n) lettre
Schreibmaschine, -n (f) machine à écrire
Schreibtisch, -e (m) bureau
schreien, schrie, hat geschrien crier
schrillen rendre un son strident
Schritt, -e (m) pas
Schublade, -n (f) tiroir
Schuh, -e (m) chaussure
Schularbeit, -en (f) devoir
schuld fautif, coupable
schuldbeladen coupable
schuldig redevable, coupable
Schulter, -n (f) épaule
Schurke, -n (m) escroc

schütteln secouer
schütten verser, déverser
Schutz (m) protection, abri
schützend protecteur
schwach faible
Schwamm, Schwämme (m) foule, éponge
Schwanken (n) hésitations
schwankend hésitant, instable, variable
Schwanz, Schwänze (m) queue
schweben planer
Schweigen (n) silence
schweigen, schwieg, hat geschwiegen se taire
Schwelle, -n (f) seuil
Schwergewicht, -e (n) catégorie des poids lourds
schwerwiegend lourd de conséquences
Schwierigkeit, -en (f) difficulté
Schwingung, -en (f) oscillation, vibration
Seele, -n (f) âme
segnen bénir
Sehnsucht, -süchte (f) langueur
Seide, -n (f) soie
Seidenpapier, -e (n) papier de soie
Seidenstuhl, -stühle (m) chaise recouverte de tissu en soie
seinerseits de son côté
seitdem depuis ce jour
selbst même
selbstverständlich évident, normal
selig ravi, transporté, bienheureux
seltsam curieux, étrange
senkrecht verticalement
Sensationslust, -lüste (f) envie de se faire remarquer
Sessel, - (m) fauteuil
seufzen soupirer
sich in Gang setzen se mettre en route, en mouvement
Sieg, -e (m) victoire
Sieger, - (m) vainqueur
sinken, sank, ist gesunken sombrer, tomber
Sinn, -e (m) sens
Sinnlosigkeit, -en (f) absurdité
sinnreich ingénieux, judicieux
Skorpion, -e (m) scorpion
so etwas une telle chose
so, so tiens, tiens
sobald dès que
sofern si

214

sogar même
sogenannt soi-disant
sogleich immédiatement, aussitôt
Söhnchen, - (n) fiston
solange aussi longtemps que
solcher, solche, solches un(e) tel(le)
solcher tel
Sommer, - (m) été
sonderbar bizarre, étrange
sonderlich extrêmement
sondern mais par contre
Sonne, -n (f) soleil
Sonnenschein (m) rayon de soleil
sonst sinon, autrement
sonstwo ailleurs, quelque part
sooft à chaque fois que
Sorge, -n (f) soucis
sorglos insouciant
soviel autant
sozusagen en quelque sorte
Spaß (m) plaisir
Spaß, Späße (m) plaisanterie
Span, Späne (m) copeau, éclat
spannend intéressant, passionnant
Spannung, -en (f) tension impatiente
Spätaufsteher, - (m) lève-tard
späterhin plus tard
Spatz, -en (m) moineau
spazierengehen, ging spazieren, ist
    spazierengegangen se promener
spenden donner
spendieren offrir
sperren fermer, interdire
Spiegel, - (m) miroir
spiegeln (sich) se refléter
Spielschrank, -schränke (m) armoire
    à jeux
Spieluhr, -en (f) boîte à musique
spitz pointu
Spitze, -n (f) pointe
Sportsleute sportifs
Sportteil, -e (m) rubrique des sports
spöttisch moqueur
Spottlob (n) louange ironique
sprengen faire sauter
Spule, -n (f) bobine
Spur, -en (f) trace
spüren sentir
Stachel, -n (m) aiguillon
Städter, - (m) citadin
Stadtwappen, - (n) armes de la ville
Stakkato (n) staccato
Stammgast, -gäste (m) client habi-
    tué

Stammtisch, -e (m) table des habi-
    tués au café
Stand, Stände (m) rang social
stark fort
starren fixer
statt/haben avoir lieu
Statut, -en (n) statut
Staub (m) poussière
staunen s'étonner
stecken mettre
stehenbleiben, blieb stehen, ist ste-
    hengeblieben s'arrêter
stehengeblieben restant
steigen, stieg, ist gestiegen monter
steigern augmenter
steigern (sich) grandir, s'intensifier,
    s'accroître
Steinfliese, -n (f) dalle
Stelle, -n (f) endroit
Stellung, -en (f) position
Stellvertreter, - (m) remplaçant
Steppdecke, -n (f) couette
Sterbebett, -en (n) lit de mort
sterben, starb, ist gestorben mourir
stets toujours
Stift, -e (m) pointe
still silencieux
Stimme, -n (f) voix
stimmen être juste, être exact
Stimmung, -en (f) ambiance
Stirn, -en (f) front
Stock, Stockwerke (m) étage
stöhnen gémir
stolpern trébucher
stolz fier
Stolz (m) fierté
stören déranger
störend dérangeant, gênant
Störung, -en (f) dérangement
stottern bégayer
straff ferme, tendu
Strahl, -en (m) rayon
strahlen rayonner
Streber, - (m) fayot
strecken allonger
strecken (sich) s'étendre
Streckenabonnement, -s (n) titre de
    transport universel
streicheln caresser
streifen essuyer
streifen toucher
Streit, -e (m) dispute, querelle
streiten, stritt, hat gestritten se
    disputer
streng sévèrement

stricken tricoter
Strom, Ströme (m) courant
Stube, -n (f) salle (de ferme)
Stuhl, Stühle (m) chaise
stumm en silence, muet
stürmisch fougueux
stürzen (sich) se ruer, se précipiter
stürzen tomber
stützen appuyer
stutzig machen surprendre, interloquer
suchen chercher, tenter
Sucherei, -en (f) recherche
Summe, -n (f) somme
System, -e (n) système

— T —

Tabaksdose, -n (f) tabatière
Tafel, -n (f) écriteau
Tageslicht (n) lumière du jour
täglich quotidien
täglich quotidiennement
Tagung, -en (f) réunion, congrès
taktvoll discrètement
Talent, -e (n) don, talent
tapfer vaillant
Taschenbuch, -bücher (n) carnet
Taschengeld, -er (n) argent de poche
Taschenspielertrick, -s (m) tour de passe-passe
Taschentuch, -tücher (n) mouchoir
Taste, -n (f) touche
tätig actif
Tatsache, -n (f) fait
Tausch, -e (m) échange
Täuschung, -en (f) illusion, tromperie
Teil, -e (m) partie
Teilnahme (f) sympathie
teilnehmen, nahm teil, hat teilgenommen participer
Teller, - (m) assiette
tellerweiß blanc comme une assiette
Tempo, Tempi (n) vitesse, cadence
Teppich, -e (m) tapis
Teufel, - (m) diable
Thema, Themen (n) sujet
tief grave
tief profond
Tier, -e (n) animal
Tischtuch, -tücher (n) nappe
tobend fougueux

Tod, -e (m) mort
toll fou
tollwütig enragé
Ton, Töne (m) son
Tönung, -en (f) coloration
Topf, Töpfe (m) casserole
Tor, Tore (n) portail
tosend fougueux
tot mort
töten tuer
totschlagen, schlug tot, hat totgeschlagen tuer
tragen, trug, hat getragen porter
Trägheit (f) paresse
Trainer, - (m) entraîneur
trampeln trépigner
Träne, -n (f) larme
Traum, Träume (m) rêve
träumen rêver
treffen, traf, hat getroffen atteindre, toucher
treffen, traf, hat getroffen rencontrer, trouver
treiben, trieb, hat getrieben pousser
trennen séparer
Treppe, -n (f) escalier
Treppenhaus, -häuser (n) cage d'escalier
Treppensteigen (n) le fait de monter l'escalier
treten, trat, ist getreten arriver
treu fidèle
treulos infidèle, déloyal
Triumph, -e (m) triomphe
trösten consoler
Trotz (m) obstination, entêtement
trotzdem malgré cela
trotzdem quand même
trübe maussade
trübselig triste, pitoyable
Truchseß, -sesse (m) écuyer tranchant
Trümmergrube, -n (f) fosse à ordures, à gravats
trunken ivre
Truppe, -n (f) troupe
Tuch, Tücher (n) foulard, chiffon
tüchtig convenablement
Tugend, -en (f) vertu
tun, tat, hat getan faire
tun, tat, hat getan mettre
tupfen (sich) s'éponger
Türklinke, -n (f) bec-de-cane
Turm, Türme (m) tour

216

Turmbau (m) construction d'une tour

Tüte, -n (f) sac, cornet

Typus, Typen (m) type, genre

— U —

übel mal, mal au coeur

üben pratiquer, s'entraîner

überall partout

überblicken superviser

überdies en outre

überfahren, überfuhr, hat überfahren écraser

überflüssig superflu

Überflüssigkeit, -en (f) superfluité

Übergang, -gänge (m) transition

überhäufen couvrir

überhaupt de toute façon

überhaupt nicht absolument pas

Überheblichkeit (f) arrogance

Überhebung (f) vanité

überkommen, überkam, hat überkommen saisir, envahir

überlastet surmené

überlegen d'un air supérieur

überlegen réfléchir

Übermut (m) pétulence, déchaînement

überqueren traverser

Überraschung, -en (f) surprise

Überredung, -en (f) persuasion

überreichen remettre

überrumpeln surprendre

überschreiten, überschritt, hat überschritten franchir

übertönen couvrir

übertreiben, übertrieb, hat übertrieben exagérer

überwert plus que digne

überwinden, überwand, hat überwunden surmonter

überzeugt persuadé

Überzeugung, -en (f) conviction

überzuckern sucrer

üblich habituel

übrig restant

übrigbleiben, blieb übrig, ist übriggeblieben rester

übrigens d'ailleurs

Ultimus, Ultimi (m) dernier de la classe

um Himmels willen pour l'amour du ciel

um so weniger d'autant moins

umarmen embrasser, enlacer

um/drehen (sich) se retourner

umfallen, fiel um, ist umgefallen tomber

umfassend vaste

Umgang (m) fréquentation

umgeben, umgab, hat umgeben entourer

umgehen, ging um, ist umgegangen manier, servir, manipuler

umgekehrt vice versa

um/haben être enveloppé dans un vêtement

um/hängen accrocher à son épaule

um/kleiden (sich) se changer

umkreisen entourer

Umschau halten chercher

umschreiten, umschritt, hat umschritten faire le tour de

umsehen (sich) sah um, hat umgesehen se retourner

umsonst en vain

umtanzen danser autour de...

Umwelt, -en (f) environnement

umwenden (sich), wandte um, hat umgewandt se retourner

um...willen pour

unangenehm désagréable

unanständig inconvenant, choquant

unaufhörlich sans cesse

unbändig effréné, incontrôlable

unbeirrt sans se laisser déconcerter, sûr

unbekannt inconnu

unbeobachtet seul, inobservé

und so fort etc.

unehrlich malhonnête

unergründlich insondable, inpénétrable

Unfall, Unfälle (m) accident

unfreundlich maussade

Ungeduld (f) impatience

ungeduldig impatient

ungefähr environ

ungeheuerlich monstrueux

ungemein beaucoup

ungeprüft les yeux fermés

ungeschickt maladroit

ungeschickterweise par maladresse

ungewohnt inhabituel

ungläubig incrédule

ungleich inégal, irrégulier

unglücklich malheureux
Unglückstag, -e (m) jour de malheur
Unheil (n) malheur, désastre
Uniform, -en (f) uniforme
unmittelbar immédiatement
unmöglich impossible
unnachahmlich inimitable
unordentlich mal rangé, en désordre
Unruhe, -n (f) inquiétude
unsagbar indicible
unsereiner un d'entre nous
unsicher incertain
Unsinn, -e (m) non-sens
unstillbar insatiable
unsymmetrisch asymétrique
unsympathisch antipathique
unter Umständen éventuellement
unterbrechen, unterbrach, hat unterbrochen interrompre
unterdessen entre-temps
untere inférieur
unterfüttert doublé
Unterhaltung, -en (f) entretien
Unterlippe, -n (f) lèvre inférieure
Unternehmen (n) entreprise
unternehmen, unternahm, hat unter-
nommen entreprendre
Unterricht (m) enseignement, cours
unter/schlüpfen trouver un refuge
unterschreiben, unterschrieb, hat un-
terschrieben signer
unterstützen soutenir
untersuchen examiner
Untersuchung, -en (f) enquête
unüberwindlich invinciblement
unverkennbar évident
unvermeidlich inévitable
unvorsichtigerweise par imprudence
unvorstellbar inimaginable
Unwahrscheinliche (n) invraisemblable
unwillkürlich sans le vouloir
Unzufriedenheit, -en (f) mécontente-
ment
urplötzlich subitement
Urteil, -e (n) jugement, verdict

— V —

Vaterland, -länder (m) patrie
Vati, -s (m) papa
verächtlich méprisable

verbergen (sich), verbarg, hat verbor-
gen se cacher
verbessern corriger
verbeugen (sich) s'incliner
verbieten, verbot, hat verboten interdire
verbindend liant
verbindlich obligeant, courtois
Verbindungsweg, -e (m) chemin de
liaison
verbittert aigri
verblüffend stupéfiant, ahurissant
verbohren (sich) s'enfoncer, se plon-
ger
verboten interdit
verbrannt brûlé
Verbrechertum (m) criminalité
verbringen, verbrachte, hat verbracht
passer du temps
verbunden lié, engagé
Verdacht (m) soupçon
verdächtig suspect
verdammt maudit
verdanken devoir
Verdeck, -e (n) plate-forme
verderben, verdarb, hat verdorben
abîmer, barbouiller
verdienen gagner
verdienen mériter
verdoppeln doubler
vereinen (sich) se concilier
verfolgen poursuivre
Verfügung, -en (f) disposition
Vergangenheit, -en (f) passé
vergeblich en vain
vergehen, verging, ist vergangen
mourir
vergehen, verging, vergangen passer,
s'en aller
vergeistigen (sich) se spiritualiser
vergessen, vergaß, hat vergessen
oublier
Vergnügen (n) plaisir
vergnügt joyeux
vergrämt rongé de chagrin
Vergütung, -en (f) dédommagement,
indemnité
Verhalten (n) comportement, atti-
tude
Verhältnis, -se (n) rapport
verhüllen envelopper, cacher
verhüten éviter, empêcher
verklagen porter plainte
verklärt radieux, transfiguré
verlangen exiger

218

verlassen, verließ, hat verlassen quitter

verlegen gêné, confus

verletzend d'une façon blessante

Verletzung, -en (f) blessure

verleugnen renier

verlieren, verlor, hat verloren perdre

verlogen menteur

Verlust, -e (m) perte, dommage

vermeintlich présumé, prétendu

vermengen mélanger

vermessen (sich), vermaß, hat vermessen avoir l'audace

vermischen (sich) se mêler

vermissen regretter l'absence

Vermögen (n) fortune

verneigen (sich) s'incliner

vernichten détruire

vernichtend impitoyable, destructeur

verpflichtet obligé

verprügeln battre, frapper

verpufft parti en fumée

Verrat (m) trahison

verraten, verriet, hat verraten trahir

verräuchert enfumé

verrauschen partir en fumée

verrichten accomplir

verrückt fou

Verrücktes, - (n) quelque chose de fou

Vers, -e (m) vers

Versammlung, -en (f) réunion

verschaffen procurer

verschämt confus, embarrassé

verschenken donner

verschieden différent

verschleudern gâcher

verschollen disparu

verschönern embellir

verschwinden, verschwand, ist verschwunden disparaître

versehen (sich), versah, hat versehen s'en apercevoir

versehentlich par inadvertance

versengt brûlé, roussi

versetzen laisser passer dans une classe supérieure

versetzen mettre

versichern (sich) s'assurer

Versicherung, -en (f) assurance

versprechen, versprach, hat versprochen promettre

verspüren ressentir

Verstand (m) intelligence, raison

Verstandeskühnheit, -en (f) audace intellectuelle

verständigen (sich) se faire comprendre

Verständnis, -se (n) compréhension, connaissance, intelligence

verstecken cacher

Verstorbene, -n (m) défunt

verstört troublé

Versuch, -e (m) essai

versuchen essayer, tenter

verteufelt bigrement

Vertrauen (n) confiance

Vertreter, - (m) représentant

vervielfältigen multiplier

vervollkommnet perfectionné

Verwandlung, -en (f) transformation, métamorphose

Verwandte, -n (m) famille, cousin

verwechseln échanger, confondre

verwegen audacieux

verweisen, verwies, hat verwiesen renvoyer

verwirrt confus

Verwirrung, -en (f) confusion, trouble

verwöhnt gâté

verzagen perdre courage, désespérer

verzagt découragé

verzehren consumer, consommer

verzichten renoncer

vielmehr plutôt

viereckig carré, rectangulaire

Viertelpfund (n) quart de livre

Villa, Villen (f) villa

Vöglein, - (n) petit oiseau

Vokabel, -n (f) mot de vocabulaire

Volk, Völker (n) peuple

Volkslied, -er (n) chanson traditionnelle

Vollbart, -bärte (m) grande barbe

völlig complètement

vollkommen complètement

Vollmondgesicht, -er (n) visage rond comme la pleine lune

von neuem à nouveau

von Stund an désormais

von weitem de loin

vor sich gehen se passer

vorbeigreifen, griff vorbei, hat vorbeigegriffen passer la main

vorbeischreiten, schritt vorbei, ist vorbeigeschritten passer devant

vorbeispringen, sprang vorbei, ist vorbeigesprungen passer devant vorbereitet préparé

vorfinden, fand vor, hat vorgefunden trouver

Vorgang (m) suite des événements, déroulement

vorgebracht avancé, prononcé

vorgerückt avancé

vor/haben avoir l'intention

vorhanden sein exister

Vorhang, -hänge (m) rideau

vorher avant

vorhin avant, tout à l'heure

vorkommen, kam vor, ist vorgekommen arriver

vorkommen (sich), kam vor, ist vorgekommen se sentir

vorkommen (sich), kam vor, ist vorgekommen sembler, paraître

vor/legen fournir, présenter

vorlesen, las vor, hat vorgelesen lire à haute voix

Vorname, -n (m) prénom

Vornehmheit, -en (f) distinction

Vorort, -e (m) banlieue

vorrätig disponible, en stock

Vorraussicht, -en (f) prévision

Vorrichtung, -en (f) dispositif, appareil

vor/rücken s'avancer

vorschieben, schob vor, hat vorgeschoben avancer

vorsichtig prudemment

vorsichtig prudent

vorsorglich par précaution

vorspringen, sprang vor, ist vorgesprungen faire un bond en avant

vor/stellen (sich) se présenter

vor/stellen (sich) s'imaginer

Vorstellung, -en (f) idée

Vorteil, -e (m) avantage

vortragen, trug vor, hat vorgetragen interpréter

vorüber/huschen passer rapidement devant

vorüberkommen, kam vorüber, ist vorübergekommen passer devant

Vorwurf, -würfe (m) reproche

vorwurfsvoll plein de reproches

Vorzimmer, - (n) entrée

— W —

wachend qui veille

Wachtparade, -n (f) parade de la garde montante

wackeln bouger, se balancer, vaciller, se dandiner

wagen oser

Wahl, -en (f) choix, élection

wählen choisir

Wahn (m) illusion, folie

während pendant que, tandis que

wahrhaft véritable

wahrhaftig vraiment

wahrnehmen, nahm wahr, hat wahrgenommen saisir

wahrscheinlich vraisemblable

Wald, Wälder (m) forêt

Waldweg, -e (m) chemin forestier

Wams, Wämser (n) pourpoint

Wand, Wände (f) mur, paroi

Wärme (f) chaleur

warnend menaçant

was = etwas quelque chose

Wäscheband (n) extra-fort, ruban

Wäscheschrank, -schränke (m) armoire à linge

Watte (f) coton

wechseln changer, échanger

weder noch ni ni

Weg, -e (m) chemin

Weggehen (n) départ

weg/holen venir chercher

weg/kaufen acheter le dernier exemplaire

wegnehmen, nahm weg, hat weggenommen retirer, enlever

weg/packen ranger

wegschmeißen, schmiß weg, hat weggeschmissen jeter

weg/setzen retirer

wegtragen, trug weg, hat weggetragen emporter, retirer

Wegweiser, - (m) panneau indicateur

weh mal

wehren (sich) se défendre

wehtun, tat weh, hat wehgetan blesser, faire mal

weiblich féminin

weichen, wich, ist gewichen partir, céder

weiden (sich) se délecter

weigern (sich) refuser

weißhaarig aux cheveux blancs

Weihnachtsmann, -männer (m) père
   Noël
Weihnachtsplätzchen, - (n) petit
   sablé pour Noël
Weile, -n (f) moment
weinen pleurer
Weise, -n (f) façon, manière
weisend indiquant
weit und breit partout
weitaus de loin
weiter plus loin
weiter supplémentaire
weitergehen, ging weiter, ist weiter-
   gegangen continuer
weißwattiert blanc comme du coton
wenden retourner
wendend tournant
Wendung, -en (f) tournure
wenigstens au moins
Werbung, -en (f) racolage
wert digne
Wert, -e (m) valeur
wert sein valoir
Wesen (n) être
wesentlich essentiel
weshalb pour quelle raison, pourquoi
Wette, -n (f) pari
Wetter (n) temps
wettern : es wettert il y a de l'orage
Wettläufer, - (m) coureur à pied
Wettrennspiel, -e (n) jeu des petits
   chevaux
wichtig important
widerlegen réfuter
Widerschein, -e (m) reflet
wie weit jusqu'où
wieder/gutmachen réparer
wiederholen répéter
wiederum à nouveau
wiegend en balançant
wiehernd en hennissant
wieso comment cela
wild furieux
wild sauvage
wimmeln pulluler
Windeseile (f) rapidité du vent
winken faire un signe de la main
winzig minuscule
wirklich réel
wirklich vraiment
Wirt, -e (m) patron, hôtelier
wirtschaften gérer, administrer
wissenschaftlich scientifique
wittern sentir

Witz, -e (m) plaisanterie
witzig spirituel
wogegen alors que, au contraire...
woher denn pas question
wohl bien, sans doute
wohl meinen vouloir du bien
wohlgelaunt de bonne humeur
Wohlstand (m) prospérité, aisance
wölben (sich) se bomber
Wolljacke, -n (f) pull-over de laine
Wort, -e (n) parole
wortlos sans paroles
wozu à quoi bon
wunderlich curieusement
wundern étonner
wundervoll magnifique, merveilleux
Wunsch, Wünsche (m) souhait, voeu
Würde, -n (f) dignité, respect
würdigen apprécier
würdigen honorer de
würfeln jeter les dés
Wurst, Würste (f) saucisson
würzen assaisonner
Wut (f) rage
wütend furieux

— Z —

zaghaft hésitant
Zahl, -en (f) chiffre
zählen compter
zahlreich nombreux
Zahltag, -e (m) jour de paye
Zahn, Zähne (m) dent
Zahnleidende, -n (m) malade qui
   souffre de maux de dents
Zahnschmerz, -en (m) mal de dents
Zange, -n (f) pince
zart tendre
zärtlich tendre, affectueux
zärtlich tendrement
Zauberknopf, -knöpfe (m) bouton
   magique
Zehenspitze, -n (f) pointe du pied
zeigen montrer
Zeiger, - (m) aiguille d'une montre
Zeile, -n (f) ligne
zeitgenössisch contemporain
zeitlebens sa vie durant
Zeitungsausschnitt, -e (m) coupure
   de journal

221

zerdrücken écraser

zerfallen, zerfiel, ist zerfallen tomber en morceaux, se défaire

zergliedernd détaillant, disséquant, analysant

zerknüllt froissé

zerplatzen exploser, éclater

zerreißen, zerriß, hat zerrissen déchirer

zerschmettern fracasser, faire voler en éclats

Zerstäuber, - (m) vaporisateur

Zerstörungskraft, -kräfte (f) pouvoir de destruction

Zerstreutheit, -en (f) distraction

Zettel, - (m) bout de papier

Zeuge, -n (m) témoin

ziehen, zog, hat gezogen prendre

ziehen, zog, ist gezogen se déplacer

Ziel, -e (n) but

ziemlich relativement

Zimmerwand, -wände (f) mur intérieur

zischen siffler

zitternd tremblant

zittrig tremblant

zögern hésiter

Zorn (m) colère, irritation

zornig furieux, en colère

zornzitternd tremblant de rage

zucken bouger, hausser

zucken tressaillir, sursauter

Zucken (n) tic nerveux

zu/decken couvrir, fermer

zu/drehen (sich) se tourner

zu/drücken fermer

zueinander l'un par rapport à l'autre

zufällig par hasard

zu/flüstern chuchoter quelque chose à quelqu'un

zufrieden satisfait, content

Zug, Züge (m) trait

zugeboren de naissance

zugleich en même temps

Zuhörer, - (m) auditeur

zu/klappen fermer

zu/knallen claquer

zukommen, kam zu, ist zugekommen s'avancer vers

Zukunft (f) avenir

zuliebe + datif pour

zum besten geben réciter, interpréter

zum besten halten se payer la tête de quelqu'un

zum Vorschein kommen apparaître

zumindest au moins

zumute sein se sentir

Zumutung, -en (f) impudence

zünftig comme il faut

zu/nicken faire un signe de tête amical

zurechtweisen, wies zurecht, hat zurechtgewiesen blâmer

zurechtziehen, zog zurecht, hat zurechtgezogen arranger

zurück/blicken regarder en arrière

zurück/führen ramener, attribuer

zurück/glotzen fixer des yeux, d'un air étonné

zurück/schrecken reculer devant

zurücktreten, trat zurück, ist zurückgetreten renoncer

Zuruf, -e (m) acclamation

zurufen, rief zu, hat zugerufen interpeller quelqu'un

zusammengesetzt composé

zusammenhalten, hielt zusammen, hat zusammengehalten maintenir ensemble

Zusammenkunft, -künfte (f) réunion

zusammenlaufen, lief zusammen, ist zusammengelaufen se rassembler

Zusammenleben (n) vie commune

zusammenstoßen, stieß zusammen, ist zusammengestoßen se rencontrer, se heurter

zuschlagen, schlug zu, hat zugeschlagen frapper

zusehen, sah zu, hat zugesehen regarder faire

Zustand, Zustände (m) état

zustoßen, stieß zu, ist zugestoßen arriver

zu/strömen affluer

zuvor avant

zuwerfen, warf zu, hat zugeworfen claquer

zwar certes

Zweck, -e (m) fin, but

Zweifel, - (m) doute

zweifelnd sceptique

Zwerg, -e (m) nain

zwischendurch entre-temps, en même temps

Composition réalisée par COMPOFAC - PARIS

IMPRIMÉ EN FRANCE PAR BRODARD ET TAUPIN
Usine de La Flèche (Sarthe).
LIBRAIRIE GÉNÉRALE FRANÇAISE - 43, quai de Grenelle - 75015 Paris.
ISBN : 2 - 253 - 05019 - 9